口碑化：
小米为什么能成功

王一恒　陈卫中◎编著

重庆出版集团　重庆出版社

图书在版编目(CIP)数据

口碑化:小米为什么能成功/王一恒,陈卫中编著.
—重庆:重庆出版社,2015.9
ISBN 978-7-229-09956-5

Ⅰ.①口… Ⅱ.①王… ②陈… Ⅲ.①移动通信－电子工业－工业企业管理－研究－中国 Ⅳ.①F426.63

中国版本图书馆CIP数据核字(2015)第113152号

口碑化:小米为什么能成功
KOUBEI HUA: XIAOMI WEISHENME NENG CHENGGONG
王一恒 陈卫中 编著

出 版 人:罗小卫
选题策划:陈龙海
责任编辑:陶志宏 汪晨霜
责任校对:刘小燕
封面设计:国风设计

重庆出版集团
重庆出版社 出版
重庆市南岸区南滨路162号1幢 邮政编码:400061 http://www.cqph.com
北京华韵大成文化传播有限公司制版
三河市九洲财鑫印刷有限公司印刷
重庆出版集团图书发行有限公司发行
E-MAIL:fxchu@cqph.com 邮购电话:023-61520646
全国新华书店经销

开本:710mm×1000mm 1/16 印张:14.25 字数:178千
2015年9月第1版 2015年9月第1次印刷
ISBN 978-7-229-09956-5
定价:35.00元

如有印装质量问题,请向本集团图书发行有限公司调换:023-61520678

版权所有 侵权必究

Preface >> 前言

早在2014年末,小米融资11亿美元、估值450亿美元的时候,美国《华尔街日报》就将其列为全球估值最高的科技创业公司。也就是说,即便是美国那些风头正劲的新兴企业,都不是小米的对手,包括当时美国最火的打车应用Uber。这种评价对于小米来说,无异于将其捧上了神坛。

事实也确实如此,这几年呼声最高的就是小米,能让市场发生海啸的也是小米,众人口中谈论最多的同样是小米。小米早已成为业界羡慕甚至嫉妒的对象,小米模式同样成为业界争相效仿的定律。

总之,凡是和小米有关的一切,都被人戴上了奇迹的光环。

小米从成立那天起,就是在质疑和不屑声中成长的。起初,没有人相信这样一家"四不像"的公司,会在四年多后取得450亿美元估值这个令世界震惊的成绩。但是,小米凭借自己的多方位布局,凭借自己的独特模式,在众人轻视的眼光中上演了一出屌丝逆袭高富帅的大戏,它不仅在强手如林的竞争中突出重围,并且干脆利落地干掉了很多强有力的对手,让小米帝国如日中天。

面对小米创造的种种奇迹,很多人不禁想问:
小米的成功到底靠的是什么?
它的成功可以被模仿吗?

为什么其他手机企业难以取得小米的成就?

小米以互联网企业著称,它的互联网思维到底是什么?

小米未来的发展方向是什么?

面对追赶者的强势崛起,小米未来将如何应对更严峻的挑战?

小米能超越苹果,成为世界第一吗?

……

如此种种,不一而足。

诚然,这些问题都非常重要,不了解这些问题,就无法揭开小米帝国的神秘面纱,就无法认清小米模式到底是什么,它的核心竞争力到底在哪里。而回答这些极具价值的问题,正是作者写作本书的目的。

本书站在宏观、客观的角度,以一种全方位、立体的叙述方式,通过丰富、翔实的案例展现,以及图文并茂的形势,对小米公司的方方面面进行了深入浅出的剖析和讲解,比如小米的"群众路线"、迭代思维、企业DNA、用户体验、产品思维、营销模式、产业链、管理理念、铁人三项等,书中都有着详细的讲解和全新的论述。

书籍的作用,就是传道授业解惑,尤其是在今天这个竞争激烈,市场格局急剧变化的时代,一本有价值的书籍更加显得难能可贵。大家只要通读此书,便可以全面地认识和了解小米创造的新模式,更重要的是可以获得"企业在移动互联网时代如何更好地生存"这方面的重要启迪,以及互联网思维方面的真知灼见。

最后,我还想说的是,一个高瞻远瞩的管理者或创业者,一定能在竞争激烈的市场格局中看到小米模式对于企业未来发展的重要意义。但是,能看到和能看懂、能运用则完全是两码事。所以,要想真正掌握小米模式的精髓,要想让自己的企业在这场史无前例的商业大变革中逆流而上,你还需要不断地去思考与借鉴、探索与践行!

前言 / 1

第一章 小米的"群众路线":因为粉丝,所以小米 / 1

互联网思维的核心就是粉丝经济 / 2

小米粉丝不仅是粉丝,还是产品经理 / 6

小米把用户当朋友,而不是上帝 / 11

兜售参与感,让粉丝参与到品牌建设中 / 16

走"群众路线",将服务做到极致化 / 21

粉丝营销的几个关键词 / 26

第二章 天下武功,唯快不破:小米用快字诀独步天下 / 33

迅速迭代,让小米所向披靡 / 34

在快速前进中也不忘冷静思考 / 39

组织架构扁平化促使小米极速前进 / 44

如何才能做到快速迭代 / 50

第三章　找准企业的DNA：小米的DNA就是互联网DNA / 55

小米是一家互联网企业 / 56

小米只在互联网上卖手机 / 62

小米的DNA就是重视冰冷的数据 / 67

小米玩转互联网"概念股" / 73

第四章　用户体验至上：没有完美体验，用户凭什么钟情你 / 79

互联网思维就是给用户最棒的体验 / 80

产品，至关重要的体验门户 / 85

不是你做了什么，而是用户感受到了什么 / 89

不要把自己当生产者，要把自己当做顾客 / 93

跟海底捞学做服务 / 97

第五章　做出让用户尖叫的产品：不做中国苹果，要做世界小米 / 101

最好的产品就是能让用户尖叫的产品 / 102

低价格高配置，做性价比最高的产品 / 106

跟同仁堂学做产品 / 110

让你的产品乖乖替你说话 / 114

第六章　重新定义营销：小米用互联网思维改造传统营销 / 119

首发+期货让小米轻装上阵 / 120

小米的差异化营销战略 / 125

用饥渴营销制造热销效应 / 131

痛点就是卖点 / 135

口碑营销才是最佳营销 / 138

小米的社会化营销就是做广告不花一分钱 / 142

第七章　单打独斗难成大事：小米要健全链条覆盖的移动互联商业帝国 / 145

小米通过米联建立互联生态圈 / 146

环环相扣的小米生态圈 / 150

让三大运营商做自己的免费销售渠道 / 155

目录

第八章 逼疯自己，逼死别人：没有新的管理理念，就无法做强做大 / 159

"中老年团队"也能展现出极客精神 / 160

花80%时间用在高级人才挖掘上 / 164

强调责任感，不设KPI / 170

透明的利益分配机制 / 175

第九章 多管齐下才能走得更远：小米用铁人三项突出重围 / 179

MIUI：没有MIUI系统，就没有小米公司 / 180

小米的铁人三项：软件、硬件、互联网服务一体化 / 186

寻找战略合作伙伴，小米要建立庞大帝国 / 190

第十章 征途漫漫，小米的未来将走向何方 / 197

平台为王，小米也要成为阿里巴巴第二 / 198

小米将会由一个裂变成三个 / 205

巨头对决，小米有机遇更有挑战 / 210

附录：小米公司大事记 / 213

第一章

》小米的"群众路线":
因为粉丝,所以小米

小米之所以能在成立不到五年的时间里成为中国手机行业的巨头,最关键的是因为其始终坚定不移地走"群众路线",这让其具备了雄厚的粉丝资源。几千万粉丝通过对小米产品的疯狂热爱和抢购,帮助小米一步步建立了自己的商业帝国。可以说,没有米粉,就没有小米今天的霸主地位。

口/碑/化：小米为什么能成功

互联网思维的核心就是粉丝经济

几年前，百度一心做搜索，阿里一心做电商，腾讯一心做社交，它们之间毫无交集。但到了互联网时代，它们的扩展方向却在逐渐趋同，业务范围越来越相似——想方设法地贴近线上线下所有用户的7×24生活，引诱你、黏着你、占有你。

这也直接造成了互联网时代BAT之间的斗争白热化。这种现象的根本原因，是流量之争、数据之争，而这些争端的本质，其实就是粉丝之争。也就是说，互联网思维的核心就是粉丝经济。

粉丝是什么？传统意义上说，粉丝就是对某个品牌或者某个人的忠实追随者。但是，在互联网思维泛滥的当下，粉丝已经不再是单纯疯狂追随某个品牌的群体，而是企业发展的重要基石。一个没有粉丝的企业，是没有任何影响力可言的。

也就是说，粉丝就是影响力。你有多少粉丝，你的影响力就有多大。

2013年11月1日，《财富》杂志公布了2013年"中国高管梦之队"名单。其中，雷军当选"首席营销官"。紧接着几天后，雷军在光棍节那天，用一个

第一章 小米的"群众路线":因为粉丝,所以小米

漂亮的成绩单回报业界对自己的信任和赞美。

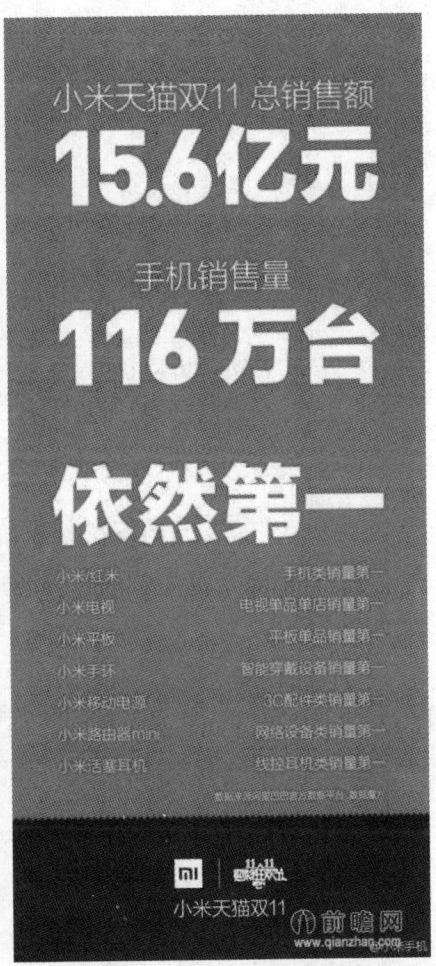

在接下来的2014年双十一购物节上,小米再次闪耀全场,成为当之无愧的手机霸主。

据淘宝平台展示出的双十一最终销售数据显示,小米在单一品类当中是当之无愧的一枝独秀,排名第二的华为只能达到小米销量的约十分之一,其他品牌甚至可以直接忽略。这一天,小米吸金15.6亿,占天猫当天交易总额的3%。

口 / 碑 / 化： 小米为什么能成功

小米的成功，与素有新经济时代的营销高手之称的雷军领导有方不无关系。

但雷军坦承，小米的成功，靠的不是自己，靠的是"米粉"（小米的粉丝）。在小米整个发展时期，粉丝们功不可没。他们不仅是小米产品的忠实拥护者、消费者（资料显示，小米用户中重复购买小米产品的达到42%），还会参与产品调研、开发、测试、营销、公关等多个环节。

如果说小米在双十一取得的骄人战绩还带有一点幸运成分的话，那么2014年4月小米举办的米粉节活动，则充分证明了小米在粉丝文化方面的优势。因为在这一天，共销售小米手机130万台，总销售金额达15亿元。

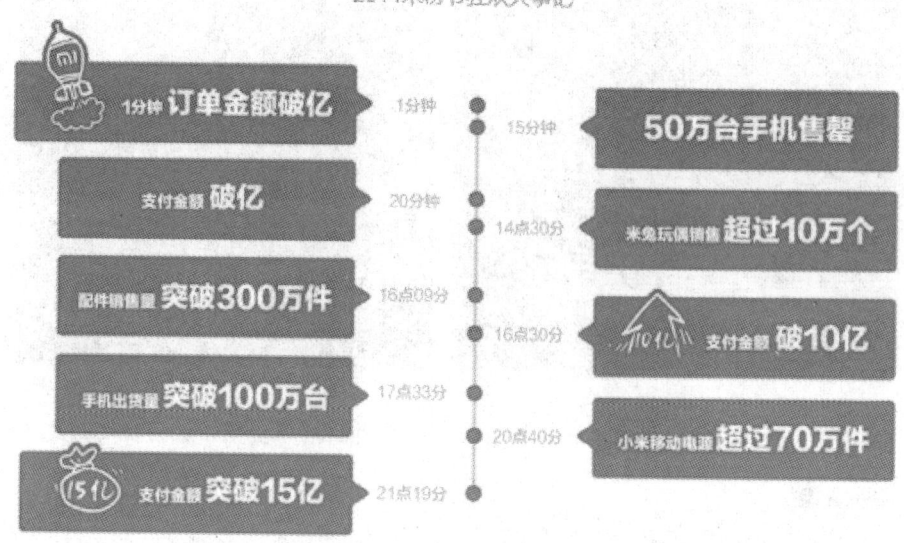

这就是粉丝的力量。雷军是个非常聪明的人，他深知小米在没有天然优势的情势下要想冲出重围，杀出一条血路，就必须依靠米粉，米粉是提升小米手

机影响力的直接力量。

在移动互联网时代，对所有企业而言，不管是传统的还是非传统的，粉丝群体都蕴含着巨大的经济能量。站在消费角度而言，粉丝更是"消费无底线"，只要他喜欢的，只要他认为值得去追随的，就愿意为之埋单。

所以，要想成为一家成功的企业，就应该学习小米模式，在管理运营、市场营销等过程中积极运用互联网思维，将粉丝文化和企业的发展紧密联系起来。

企业如果不明白粉丝就是影响力这个营销潜规则，不懂得"讨好"粉丝，不懂得让粉丝跟着企业"一起玩儿"，那么，就很难在这个营销为王的时代站稳脚跟。

口 / 碑 / 化：小米为什么能成功

小米粉丝不仅是粉丝，还是产品经理

一直以来，很多业内人士都在研究小米为何每次都能让用户尖叫的原因，很多人最后把这一原因归纳为小米之所以能让用户尖叫，是因为小米有雷军这个一流的产品经理。但是雷军并不这样认为，他说小米最好的产品经理其实是小米粉丝。

在产品思维上，雷军只是确定了一个"让用户尖叫"的大方向，他认为只有让用户尖叫，才能形成一个良好的口碑效应。

雷军曾经对一线研发人员说："什么东西能产生口碑？我可以告诉你们一个真理，好的东西不一定有口碑，便宜的东西也不一定有口碑，又好又便宜的东西也不一定有口碑，不一定。我去过海底捞，只有一个小地方打动了我，就是它的服务员是真的在笑，是真笑不是假笑。海底捞的服务肯定不会比五星级的酒店服务好，为什么有这么强的口碑呢？这个口碑的真谛是超预期，只有超预期的东西大家才会形成口碑。"

那么如何才能设计出超预期的小米手机呢？雷军他们就开始深入思考这个

第一章 小米的"群众路线"：因为粉丝，所以小米

问题。最后他们就得到了一个让自己尖叫的答案：让粉丝参与产品设计。他们认为小米是一家互联网公司，所以就应该用互联网思维去思考问题。而互联网思维的核心就是粉丝文化，有粉丝参与，一切才有保证。

于是，"小米粉丝是小米公司最好的产品经理"这句话就成了一句响亮的口号。因为有了这种产品经理，就可以研发出超预期的产品，这样就可以让小米横扫一切。

有了这一与众不同的方向，小米就开始了大张旗鼓的实施。在小米论坛上，粉丝可以和小米研发人员或者管理者直接交流，提出产品的创新或者改进方向。为了让粉丝反馈和体验产生最大价值，小米公司甚至还专门设立了"爆米花奖"。

具体来说，就是小米公司会根据米粉的意见对产品进行改进，然后根据用户对新功能的体验投票确定做得好的项目，然后给设计者或者改进者颁发"爆

米花奖"。如此一来，用户体验和反馈的价值就被最大程度地表现出来了，小米也因此生产出了最符合粉丝需求的、"让用户尖叫的产品"。

同时，产品诞生后，参与整个生产周期的米粉们自然而然地又成了小米产品忠实的营销人员，他们不仅自己使用，还会将自己的体验感受和心得分享给小米设计者和其他人，这不仅为小米营销带来了巨大的助力，还为小米在产品迭代中提供了参考方向。

比如说，小米手电筒快捷键的研发就是根据用户的建议而来的。据说有一次，一位用户被困在了停电的电梯里，在手机中找不到手电筒图标，于是通过"米聊"建议雷军开发手机的手电筒功能。于是，小米在下一周推出的MIUI新版本中，就增加了长摁HOME键打开手电筒的功能。这一实用功能的推出，也再次赢得了用户的认可。

MIUI在2015年2月6日发布新版本时，就有11.6万名用户参与了新版本体验投票，投票结果得出的四个体验报告极具参考价值。

为了最大限度地让更多的米粉参与到产品设计中，爆米花奖颁发活动每年都会举办一次。如今，小米通过各种活动、互动，小米论坛上已经聚集了近800万用户，日发帖近两万条。这些由米粉扮演的产品经理，为小米的强势崛起注入了无限的活力。

下面是一个米粉的亲身经历，他将自己的故事写在了互联网上。

我在一个小城市生活，没钱，没房，没女友，没人把俺当根葱，是个标准

第一章 小米的"群众路线":因为粉丝,所以小米

的宅男,会点Android程序开发,还不是忒牛的那种。有一天我逛论坛,看到小米手机用户界面有一些需要完善的地方,于是就抱着闲着也是闲着,不如随便说两句炫耀的心态在论坛上留下了一点建议。

第二天,我就接到了北京一位工程师给我的电话,他在电话里说:"兄弟,你的想法真不错,我们整个团队都在研究呢,能不能给讲讲思路?我们也好学习学习。"当时我非常兴奋,终于有人如此重视我了,并且还是当下名气如日中天的企业。

那天我们聊了很久,具体探讨了系统的完善方法和思路。聊完后工程师对我说:"这个建议棒极了,我们会按照你的思路修改。"

最后,那款手机用户界面真的按我说的思路修改了,最神奇的是新版本上有一列特别感谢的名单,其中竟然有我的名字。更让我没有想到的是,小米公司的雷总飞到我所在的城市,并请了一桌发烧友,这些发烧友都是为小米产品作过贡献的人,雷总席上挨个敬酒,还叫着我的名字说:"兄弟,没有你我们这个版本就出不来!"当时感动得我眼泪差点流下来。

小米,我参与做的手机,给力。我得让我周围人都知道,都买。

口 / 碑 / 化： 小米为什么能成功

　　正是有了无数的米粉参与到小米产品的设计过程中，才帮助小米产品不断完善，不断更新，不断迭代，才帮助小米产品最符合米粉的心意，让小米产品可以超越米粉预期，引发米粉尖叫，从而在市场上一骑绝尘。

　　闭门造车的时代早已一去不复返，在当下这个粉丝决定一切的互联网时代，只有走好群众路线，让广大群众参与到产品设计中来，将他们定位为产品经理，才能最大限度地保证生产出来的产品符合用户的胃口。也唯有如此，才能在竞争激烈的市场中靠过硬的产品取胜。

第一章 小米的"群众路线":因为粉丝,所以小米

小米把用户当朋友,而不是上帝

用户是上帝,是营销界一直以来备受推崇的至理名言。几乎所有的企业都把用户当成自己的上帝,对上帝是恭敬从命,绝不抗命不从。但是如今,这种观念正在被推翻,甚至被颠覆。

雷军曾经将小米公司的成功总结为三点,一是坚持真材实料,绝不弄虚作假;二是坚持和用户交朋友;三是坚持创业的心态。其中第二点被雷军着重提起过。他的看法是,把用户当上帝,在逻辑上是不成立的,也并没有多大的好处。只有把用户当朋友,而不是上帝,才能和用户之间有良好的交流互动,才真的有决心改善每一项服务。所以,朋友式的情谊,对于企业和用户都是最好的。

大朴网创始人王治曾经对"应该把用户当成朋友还是上帝"这一问题发表过自己的观点,他的观点和雷军不谋而合。王治说:"过去商家把顾客定义为上帝或衣食父母,我认为纯属瞎扯淡。你能指定用户是上帝,那代表你比上帝更牛,而且当指定某个人是上帝时,逻辑变得混乱,个体不成立,总体怎能成立?市场经济体制下,用户与商家是公平交易关系,没有父母与子女之分,我

们也没见过商家把用户当爹娘伺候。我认为用户与商家最贴切的定义是朋友关系，信任是维系朋友关系的纽带，相互交流取代单方互动，而传统定位理论和品牌发展理论都是商家单方面向用户洗脑的过程。"

所以，"和米粉，做朋友"成了小米成立以来一直的口号。在小米内部，上到雷军、黎万强，下到普通员工都会积极地和米粉们互动、交流，在线上共同讨论、分享新品，在线下组织公益活动、同城会等各种活动，将米粉们牢牢地连在了一起。米粉经济学大行其道，结果正如雷军所说——因为粉丝，所以小米。

从另一方面来讲，企业与用户之间如果是服务者与上帝的关系的话，那么双方之间始终带有一定的隔阂，并且上帝是高高在上的，不可能与服务者打成一片，双方之间只是一种冷冰冰的服务与被服务的关系。

而企业与用户之间如果是朋友关系的话，双方就没有隔阂。企业会以朋友

第一章 小米的"群众路线":因为粉丝,所以小米

的身份为用户提供各种真诚的服务,用户也会以朋友的身份消费着企业的产品,做企业品牌的忠实拥护者、传播者和捍卫者。

当然,把用户当朋友,并非只是嘴上说说而已,而是要体现在实际行动中。

F码是小米在会员特权上的一个微创新。它并非因为营销而诞生的,主要是出于对老用户的关爱,是给老用户的一项特权。但也正是这种做法,体现了小米把用户当朋友的真实情感。

自从2011年开始,小米手机火爆的销售场面远远超过了小米公司人员的预期,而如何践行小米公司"把用户当朋友"这一信条就成了小米公司最急需解决的问题。因为购买用户太多,供不应求,加之小米手机一直坚持网上预售+抢购的销售模式,导致很多从MIUI开始就一直支持小米的老用户朋友很难抢购到小米手机,这让大家产生了不满心理。

如何解决老朋友的这种不满心理呢?小米团队经过一番讨论后,终于找到了一条解决问题的途径——F码。F码也就是Friend Code(朋友邀请码)的缩写。小米团队为此专门开发了后台系统,用户可以在这个系统上领取F码,然后到小米官网的电商平台上优先购买小米产品。

小米的这种做法,让用户体会到了小米对他们的重视和关怀,极大地提升了小米在用户心中的地位,夯实了双方之间的朋友关系。

小米的F码模式最后也被很多企业模仿运用过,但大多数结果都不尽如人意。这是因为那些企业只看到了小米F码光鲜的表面,却没有看到F码存在的真正初衷。没有朋友关系的F码,怎么会有用户去抢用呢?这正是那些企业失

败的原因，因为他们缺少"朋友"这种关系做基石。

进入移动互联网时代，人人都是自媒体，一旦认定企业的品牌和产品，他们不仅会多次光顾企业的生意，还会通过微信、微博、Facebook、Twitter等各种社交媒体分享他们的感动、体验和情感。这就是企业培养和发展粉丝，和粉丝做朋友的价值和意义所在。

举一个简单的例子,在现实生活中,当我们和朋友之间存在矛盾或者发生利益冲突时,一般都会选择一个比较中庸的办法来解决,这样做既不损害自己的利益,也不伤害朋友的感情。但如果是和其他人存在矛盾或者发生利益冲突时,我们往往会选择一个对自己比较有利的办法来解决问题,不过这样做的结果就是对方对自己产生不满甚至是敌意。

所以,企业只有把粉丝当朋友,基于双方之间的信任和情感基础,双方的关系才会稳固,双方获得的利益才会更加持久。而要做到这一点,只需像小米那样,想用户之所想,急用户之所急,做用户之所做,就可以赢得用户的"友谊",进而将用户的营销价值最大化。

兜售参与感，让粉丝参与到品牌建设中

雷军曾经在一次访谈中明确指出，小米销售的是参与感。在小米公司还没有成立之前，雷军就已经意识到了参与感在营销中的重要性。

那时候诺基亚还是手机市场的巨头，雷军作为诺基亚的发烧级用户，在诺基亚手机论坛上给诺基亚的工程提过很多建议，甚至直接提给当时诺基亚负责研发的全球副总裁。虽然对方觉得雷军说得很有道理，但却并没有在设计中做改动。

这让雷军非常生气，雷军在访谈中说："当你喜欢一个什么东西的时候，你其实没有经济目的了，你就是觉得这个东西不好，如果能改一下会更好。所以，小米的出发点很简单，我们有一个极其清晰的定位，就是聚集众多粉丝的智慧，做大家能够参与的一款手机。"

针对参与感，雷军对用户的心理有着精准的把握："当粉丝参与到了小米品牌建设中，他们的建议被采纳了，当产品发布出来后，他们会对自己的朋友说：'看，这个功能是我设计的，牛不牛。你们也用小米吧，真的挺好的。'这种荣誉感是他们推销小米很重要的动力。"

第一章 小米的"群众路线"：因为粉丝，所以小米

所以，自从小米手机问世以来，雷军就一直坚定不移地让小米企业走"群众路线"，不仅要卖手机，更要兜售参与感。

早在2013年3月，小米组织"小米非常6+1，你敢挑战吗？"活动期间（3天），就有20多万人参与微信互动，直接销售收入超过400万。如今，小米手机微信账号粉丝早已超过500万。

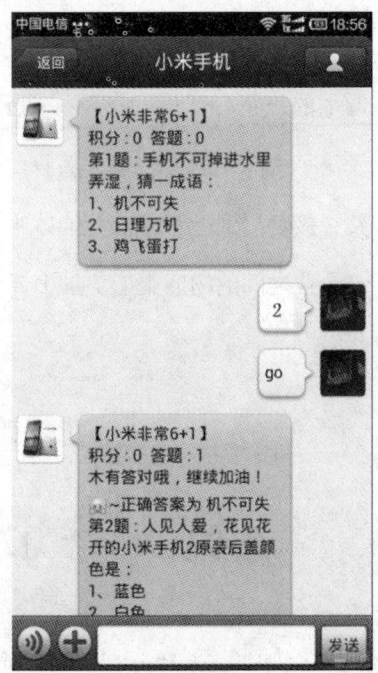

小米科技CEO雷军说，他有100万个发烧友，他们知道自己有什么需求，渴望参与其中。小米每周更新四五十个，甚至上百个功能，其中三分之一是由米粉提供的。也就是说，正是这种想要参与其中的

渴望，让小米拥有了100万个不拿工资的研发者。

更让人吃惊的是，小米论坛上如今有近千万用户，每日发帖总数达到25万条左右，可谓傲视所有国内同行。要知道，这25万条帖子里，很多都是用户自愿参与为小米产品出谋划策的建议或产品完善方案，极具参考价值。

当然，这还不是最主要的，最重要的是，用户参与得越多，对小米就越有感情，到最后，这些用户几乎全都成了小米的"死忠党"，小米的每款产品他们几乎都会购买，以及大力帮小米免费推销。

有很多朋友私下里问小米联合创始人黎万强："小米是用什么方法让其口碑在社会化媒体上快速引爆的？"黎万强说："必须做到三点：第一是参与感；第二是参与感；第三是参与感。"也就是说，口碑的本质是用户思维，就是让用户有参与感。

随着时代的变迁，经济的发展，思维模式的不断解构和重建，消费者选择商品的决策心理早已发生了翻天覆地的变化。起初用户购买一件商品，是为了满足功能式消费心理。随着功能式消费的日益饱和，人们又转变成品牌式消费，接着再到近年来流行的体验式消费。而随着移动互联网时代的到来，用户与企业之间的沟通渠道更加多元化和直接化，体验式消费也逐渐被参与式消费代替。

消费者购买决策心理转变过程

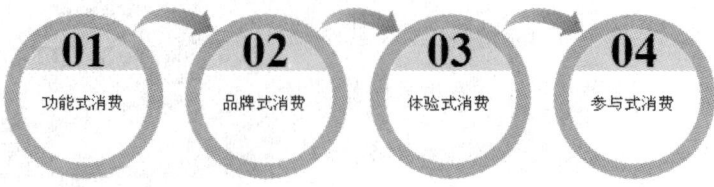

第一章 小米的"群众路线":因为粉丝,所以小米

而小米利用的正是用户的参与式消费心理。因为如果只是单纯的体验式消费,消费者必定难以获得满足的体验心理,只有让消费者参与到产品研发和市场运营的过程中,他们才能获得最为深入的体验。正是靠着对用户消费心理的微妙把握,小米成功了。

如今,在小米模式的带动下,已经有越来越多的企业开始运用参与感营销,兜售参与感,让粉丝参与到品牌建设中。

"七格格"是一家以原创风格为主打的品牌服装店,拥有15位年轻设计师以及1位专职服装搭配师,每月都会推出100件以上的新款服饰。

每次新款服饰推出之前,"七格格"都会将新款设计图上传到店铺,让网友们对新款进行投票评选,并在QQ群中展开讨论,最终选出大家普遍喜欢的款式进行修改,然后上传到网站,再让网友进行评选,如此反复几个回合,才会敲定最终款式进行生产、上架。

穿什么款式的衣服,完全由消费者说了算,在"七格格"店里,消费者开始真正决定时尚、引领风潮,而消费者也乐享这个过程,并对"七格格"挚爱不渝。

再看看我们周围的那些社交网站:人人网、开心网、Facebook、Twitter,几乎每个网站上聚集着数以亿计的用户。这些网站之所以具有如此大的吸引力,是因为用户能够在这里找到存在感。刷状态、发分享、传照片、写日志、玩游戏、聊天,每个新增功能都能让用户参与其中,而且乐此不疲。这就在某种程度上增强了用户黏性,为这些网站留住了大量的人气。

与传统的商业模式相比,互联网经济下,消费者拥有了更多话语权以及参

与生产设计的机会,而这种参与感,恰恰就是用户思维最重要的体现。企业要想在这个新时代中掌握话语权,俘获用户的"芳心",就应该邀请用户参与设计、创新、决策。只有不断向消费者兜售参与感,才能创造出一种让自己都惊讶的营销奇迹。

第一章 小米的"群众路线":因为粉丝,所以小米

走"群众路线",将服务做到极致化

互联网思维通俗一点地理解,就是最大限度地满足用户的需求,解决用户的问题,给他们提供便捷的服务,极尽可能地让他们"爽"、让他们尖叫的思维。

雷军可谓是把互联网思维运用到了登峰造极的地步,因为他不仅对小米产品的质量、体验精益求精,在对粉丝提供服务方面也是力求完美。用他的话来说,就是:在用户服务方面,没有最好,只有更好。正因为如此,小米企业将服务做到了极致化。

为此,雷军还专门号召小米向海底捞学如何做好服务。对于这一经历,雷军在联想内部举办的一场会议演讲中提到过。

他在演讲中是这样说的:

七八年前,我在机场的书店买了一本书,《海底捞你学不会》,可是看了三四个小时之后,我发现我学会了。我发现海底捞的秘诀其实只有两个字:口碑。

怎么能把口碑做好呢?很多人很快就想到了口碑营销,可是你一旦想到营销,这件事情就死了,你首先要想,什么样的东西才有口碑。

口／碑／化：小米为什么能成功

我看完这本书就去了海底捞。跟其他火锅店一样，海底捞的环境很嘈杂。但让我惊讶的是，海底捞的服务员有着发自内心的笑容。

其他的服务型行业，比如民航业，空姐们虽然比海底捞的服务员更漂亮，制服也更好，但是，她们常常是一种皮笑肉不笑的状态。相比之下，海底捞服务员的笑容真的能够打动人。

我就问海底捞的服务员："你当个服务员有啥好笑的呢？"她跟我说："我一个40多岁下岗女工，一直找不到工作，结果海底捞录用了我，七八年前就给我每月四千元的工资，我睡觉做梦都会笑醒。"

我对此很受触动，海底捞连员工都感动了。所以我决定，小米的客服，在北京首先能比同行平均工资高30%，四千块钱起，不惜代价，最高能到一万二。如果我不能对员工好，员工会怎么对我们的客户呢？

几年前，微博上有个段子讲得特别好。有个客人在海底捞吃完饭后，想将餐后没吃完的西瓜打包带走，海底捞说不行。可是他结完账时，服务员拎了一个没有切开的西瓜对他说："您想打包，我们准备了一个完整的西瓜给您带走，切开的西瓜带回去不卫生。"

哇，那一瞬间就把客户打动了。所以讲到这里，大家知道什么叫口碑了吗？

口碑营销的本质就是服务极致化，这是雷军在海底捞企业中获得的最大心得。所以他在管理小米的过程中，借鉴了海底捞的很多服务精髓。

为了让客服人员能够真心为用户着想，最大程度发挥他们自己的主观能动性，让用户体验到真实的情感，雷军给了客服人员很多权限。比如一线的客服人员，在帮助用户解决他们的问题时，可以根据实际的情况，给用户发一些小礼物，这不需要得到主管的许可，他们自己就可以作出决定。正因为公司的信

第一章 小米的"群众路线"：因为粉丝，所以小米

任，员工在做事的时候反而更会考虑很多，小心谨慎。

有一次，一个客服人员用自己的网银给一位70多岁的老人付钱订购了一部小米手机，并且把地址填写为老人的地址。这让老人非常感动，他是想给自己的孙子买一部小米手机，却不会上网，这才打电话给客服，希望客服能帮他想个办法，没想到客服给了这么周到的服务。

当老人把钱送到客服这边来的时候，有人问这位好心的客服，有没有想过会遇到骗子呢？这个客服的回答也让人很感动，她说自己要为用户提供最好的服务，解决用户的困难，而且她相信这位老人不是骗子，即便是被骗了，她也不会后悔，而且她也知道公司不会让她一个人承担这份损失。

这就是小米企业打造出来的服务态度。在客服上，小米给用户提供了最贴心的服务，让用户享受到从别的客服那里体验不到的快捷与方便。这种把用户当朋友，真正用心去帮用户解决问题的态度，和其他企业那些敷衍式的服务一比较，用户就会从心底感到温暖。

小米带给用户的良好服务体验是无处不在的，可以说，只要和小米产品一接触，用户将无时无刻不感受到小米的细致周到的服务。

就拿小米之家来说，作为小米的官方服务旗舰店，小米之家是给用户提供交流、自提服务、售后以及体验的场所，小米对它的环境有很高的要求，要让用户在进入以后有一种亲切感，找到"家"的感觉。

小米之家的选址不像别的售后服务部门那样设在临街的闹市区，而是一律选在了写字楼里，不过这个位置的交通一定要方便，比如到地铁只需要10来分

口／碑／化：小米为什么能成功

钟的时间。小米之家的装修设计都是按照最高的标准来的，在装修的时候就像装修自己家一样用心。在这里，用户可以做很多事情，比如可以来这里上网，几个人开个聚会，外面突然下雨了，到这里来借把伞，学生们还可以来这里打印自己的毕业论文，米粉们可以来这里吃"小年"的年夜饭。

正因为小米在任何一个方面都非常注重用户的体验，关心每一个用户的感受，所以它卖的不仅仅是产品，更是服务。用一流的服务获得粉丝的忠诚感，是最不容易失去的，所以全国各地的米粉越来越多，这也是小米能够在短短几年的时间里飞速发展起来的根本原因。

或许有人会问，只要把各种服务做到极致就可以成功吗？答案是否定的，因为有些服务是可以看到的，有些服务是看不到的。比如说那些售后服务，就是可以看到的，只要用心就可以做好。而那些看不到的服务，才是至关重要的。这类服务搞不好，就无法真正将服务做到极致化。

第一章 小米的"群众路线"：因为粉丝，所以小米

在手机性价比方面，小米算是达到了一个极致，高配低价，无人能出其右；在供应商方面，小米选择的是夏普、高通这些世界知名的企业；在人才招揽方面，也全是各行各业的精英。用雷军的话说，就是：小米是整个中国公司里为数不多的进入门槛非常高的企业。只要是我看上的人才，我都会亲自打电话招聘。

在有了一流的产品、强大的供应商、可靠的团队等多重保障下，小米的服务就有了绝对的保障。这也为小米将服务做到极致化提供了先决条件。

所以，企业如果想学习小米模式，不仅要看到小米在实质性的服务过程中是如何做的，还要看到提供实质性服务的前提是什么。只有打好了坚实的基础，才能切实地将服务做到极致化。

口 / 碑 / 化： 小米为什么能成功

粉丝营销的几个关键词

小米从成立到现在，不到5年的时间，就占据手机市场的半壁江山，打造了一个新兴的民族手机品牌，真正缔造了国产手机行业的销售神话。如果我们非要找出成就这个神话的根源，那就是小米非常善于运用粉丝营销。

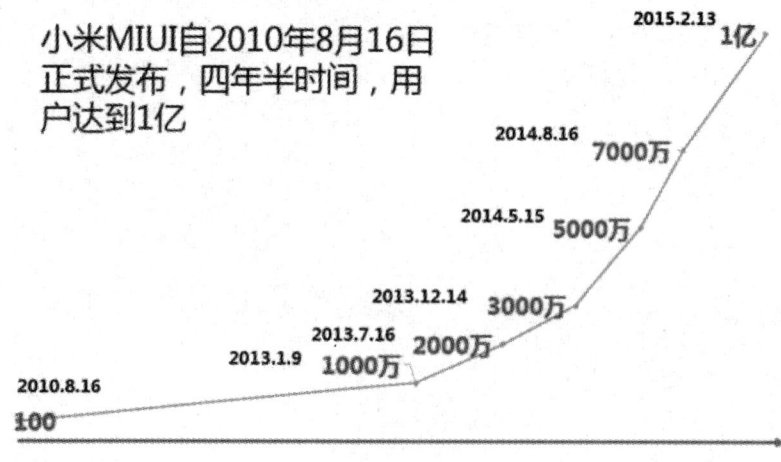

粉丝营销有一种裂变性质。我们都知道，细胞裂变时，一个变成两个，两个变成四个，四个变成八个，非常迅速，粉丝也是这样。想一想，你吃到了一个美食，买到了一件好衣服，碰到了一块好表，你想不想在朋友圈里"秀一秀"？正是这个秀的过程，一个粉丝变成了两个，两个变成了四个，四个变成了更多个。

所以，只要善于运用粉丝营销，就可以像小米一样创造出营销奇迹。而要切实掌握粉丝营销的真正内涵，首先就要把握粉丝营销的几个关键词。

1.好玩

小米在进行粉丝营销时，最大的特点就是符合了好玩这一营销特性。就拿小米经常运用的概念玩法来说。

小米粉丝中有刚刚从大学毕业的人，有虽然已经毕业却仍旧怀念大学生活的人，还有正在上学的大学生，加之有段时间九把刀导演的《那些年，我们一起追过的女孩》和赵薇导演的《致青春》这两部电影非常火爆，引发的话题经久不息，于是雷军就借用"青春"这个概念，开始了小米青春版手机这个玩

法。于是，小米青春版手机一出来，立即赢得了众多年轻粉丝的喜爱和追捧。由于太好玩，粉丝们越发热爱小米这个品牌。

随着市场竞争的日益激烈，产品种类的与日俱增，消费者对广告的免疫力也越来越强，对产品的忠诚度也越来越低，所有无法引起他们兴趣的营销方式，都难以入他们的法眼，更无法走进他们的心中。而要想引起消费者的兴趣，让消费者积极地投入到你的营销活动中，那就必须让他们觉得好玩，这也是必要前提。因为没有人会对自己觉得不好玩的事物感兴趣。

2.持续保持吸引力

营销的本质就是吸引客户的注意力，最高的营销境界就是让客户的吸引力始终保持在自己身上。这是一个快节奏的时代，无论你是什么样的企业，都有可能被如潮水般涌来的竞争对手淘汰，也有可能被消费者遗忘。即便你曾经光环璀璨，集众人注意力于一身，但如果你无法保持消费者的注意力一直集中在你身上，那么你很快就会被遗忘。

小米公司在粉丝吸引力保持方面做得非常棒，尤其雷军这个名字时不时就会出现在各个门户网站的头条，这其实就是一种营销方式。因为粉丝只要看到雷军这个名字，就会联想到小米产品。何况雷军每次成为话题人物的时候都是和小米产品有关的。

另外，小米公司每次有新产品需要发布时，都会提前一段时间进行持续的推广和营销，微博、微信、论坛、网络，到处都充斥着小米对自己最新手机功能和硬件参数的解读。那些精美的配图和简明扼要的文字，很容易就吸引了粉丝们的注意力。即便有些用户想更换新手机，但小米公司打造出的吸引力可以让用户选择等待，一直等到小米新产品上市他们才更换手机。

持续的吸引力是粉丝营销成功的关键所在。一旦无法持续保持吸引力，那么企业先前为了让消费者的注意力集中在你身上，所付出的所有努力都将付诸东流。也就是说，持续保持吸引力，就犹如逆水行舟，不进则退。所以，粉丝营销也不是那么容易的。

3.让粉丝参与

这是一个个性张扬的时代，每个人都渴望被重视，被关注，被肯定，每个人都渴望获得参与感与存在感。尤其是在移动互联网渐成主流、微营销强势崛起的大趋势下，如果企业还不懂得向消费者兜售参与感，那么你已经OUT了。

口 / 碑 / 化：小米为什么能成功

2014年3月26日，阿里巴巴数字娱乐事业群通过娱乐宝官方微博，宣布娱乐宝平台正式上线。首批登陆娱乐宝的投资项目有：郭敬明导演，杨幂等人主演的电影《小时代3》、《小时代4》；孙周导演，王宝强、小沈阳共同主演的3D奇幻喜剧《非法操作》；冯绍峰、窦骁等人主演，根据著名畅销小说改编的电影《狼图腾》；全球首款明星主题的大型社交游戏《魔范学院》，范冰冰将在游戏中与广大粉丝进行互动。

网民只要出资100元就可以参加热门电影的投资，年化收益可达7%。此外，作为"投资人"还享有多种福利：参加影视剧主创见面会、电影点映会，与明星亲密接触等等。

4月3日，首批娱乐宝78万份售罄，共有22.38万人通过娱乐宝参与到影视娱乐投资中，过了一把"投资人"的瘾。

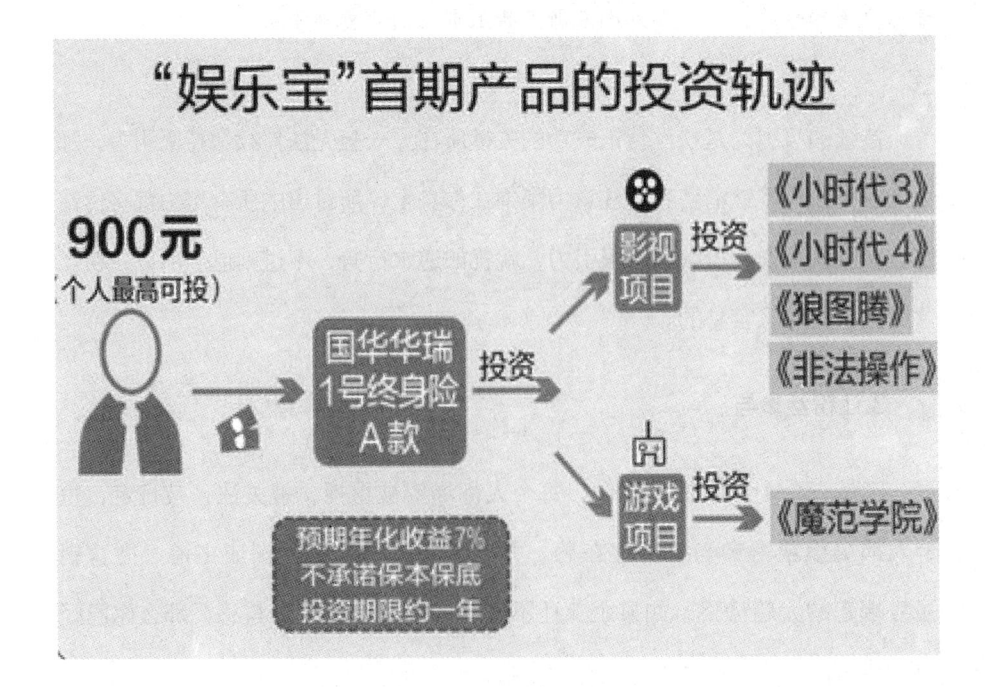

"娱乐宝"首期产品的投资轨迹

900元（个人最高可投）→ 国华华瑞1号终身险A款 → 投资 → 影视项目 → 投资 → 《小时代3》《小时代4》《狼图腾》《非法操作》

→ 游戏项目 → 投资 → 《魔范学院》

预期年化收益7%
不承诺保本保底
投资期限约一年

这就是参与感的力量，它可以极大地提高粉丝的积极性和热情。并且，如今已经成功上映且票房大卖的《小时代3》、《狼图腾》等电影更加证明了粉丝参与的力量。因为很多购买娱乐宝参与电影投资的粉丝，几乎都去影院观看了自己投资的电影，这无疑为票房作出了极大的贡献。

所以，在移动互联网时代，企业卖产品不如卖参与感，有用户参与的产品往往更容易赢得市场。

4.和粉丝充分互动

如果仅仅是向粉丝兜售参与感，营销恐怕还无法形成强大的影响力。因为如果是参与，而没有良好的互动的话，就会令消费者的激情冷却，积极性大打折扣。只有双方形成良好的互动，才能推动双方情感的增进，提高消费者的忠诚度。同时，还可以让消费者看到企业对他们的重视和诚意。

另外，在不断互动的过程中，消费者势必会提出更多有价值的信息，这些信息可以帮助企业更好地完善产品功能，提升产品质量，以及为企业带来更大的市场和更多的利润。

第二章

>> **天下武功，唯快不破：**
小米用快字诀独步天下

移动互联网时代，快速迭代是唯一的主题。因为消费者的需求在不断地变化着，这就要求产品也必须进行迅速迭代。跑得快，可以吃肉喝汤，跑得慢，连骨头都捞不到。小米之所以能在高手如林的手机行业中成为一方霸主，就是靠着一个"快"字。快速出方案、快速设计、快速开发、快速上线、快速迭代，最终成就了小米帝国。

迅速迭代，让小米所向披靡

在移动互联网高速发展，市场经济高度繁荣的当下，产品更新换代之快，已经超出了我们的想象。如果我们留意一下国内市场各个行业产品的更新换代情况，就会发现这样一个有趣的现象：一件产品可能在昨天还持续热卖，但是到了今天，已经被新的产品所取代。

也就是说，快速迭代，已经成为企业出奇制胜的不二法门。谁在市场竞争中能够做到快速、稳步地迭代，谁就能战胜对手，夺得市场话语权。

雷军在几年前阐述自己对互联网思维的理解时，就明确提出了七字诀：专注、极致、口碑、快。他说这七个字就代表了自己对互联网思维的理解。

而他对于"快"解释是："天下武功，唯快不破！有时候，快就是一种力量，你快了以后能掩盖很多问题，企业在快速发展的时候往往风险是最小的，当你速度一慢下来，所有的问题都暴露出来了。所以，怎么在确保安全的情况下提速是所有互联网企业最关心的问题。互联网就是要快，因为速度慢的话，在今天的互联网领域基本是没有机会的。"

要想做到快，首先就要有迭代思维，让自己具备迅速迭代的能力。只有这样才能保证自己的产品永远与时俱进，只有这样才能保证自己的产品时刻具备鲜活的生命力。

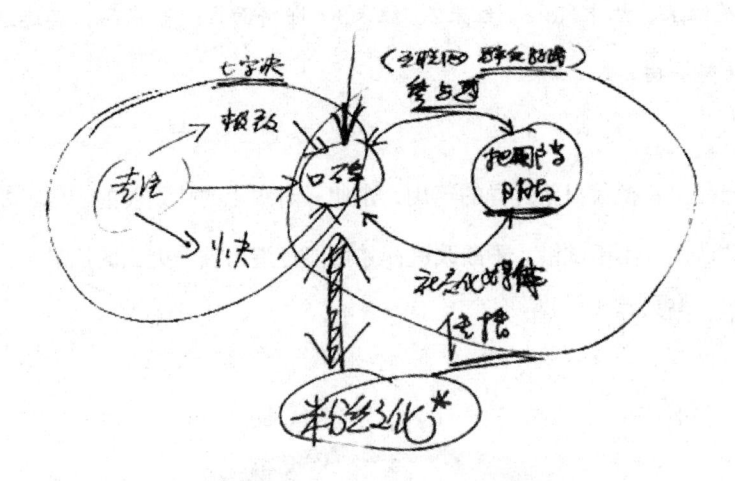

雷军关于互联网思维的手稿

雷军关于互联网思维的手稿整理

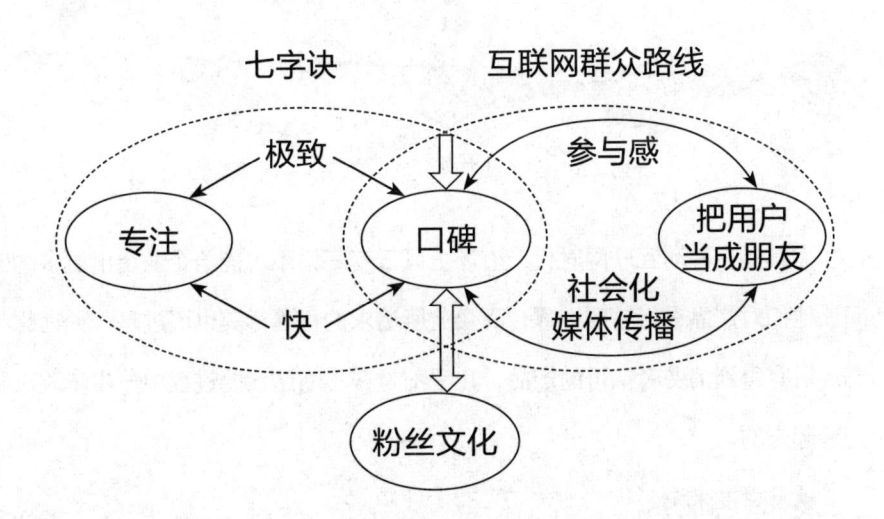

七字诀　　　　　互联网群众路线

极致　　参与感

专注　　口碑　　把用户当成朋友

快　　社会化媒体传播

粉丝文化

从小米公司的第一款手机于2011年8月16日在小米公司北京发布会上面市以来，截至2015年1月15日，不到三年半的时间里，小米公司相继推出了小米、小米青春版、小米1S、小米2、小米2A、小米2S、小米3、小米4、小米Note以及红米、红米Note、红米2、红米3（即将面世）等产品，其迅速迭代的能力可见一斑。

在产品更新换代日新月异的年代，企业只有跟上时代发展的步伐，快速创新，快速迭代，不断试错，不断改进，才可能打造出独一无二的产品，让消费者舍不下，抛不开。

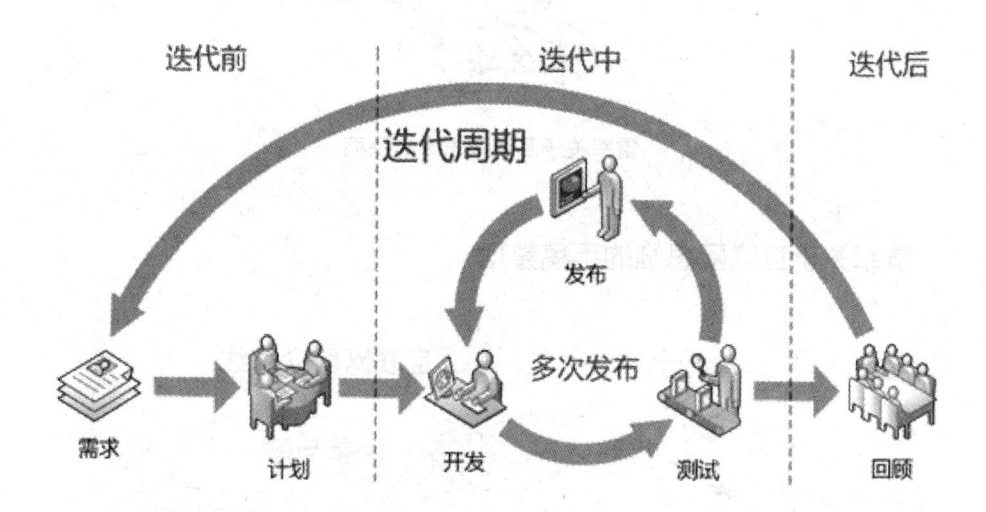

尤其是在移动互联网时代，市场上风云变幻，不可能给企业留出更多的时间让他们对产品进行精雕细琢，而企业所追求的尽善尽美也不过是一种理想状态。所有得到消费者认可的产品，几乎都是在不断迭代的过程中一步步改进和完善起来的。

就拿百度来说。

2000年，百度完成了第一版搜索引擎，这款引擎当时超过市面上其他搜索

第二章 天下武功，唯快不破：小米用快字诀独步天下

服务，功能已经非常强大了。但从技术角度来看，这款搜索引擎还存在着一定的提升空间。秉持着软件工程师的严谨作风，开发人员在将这款搜索引擎推向市场之前有些犹豫，总想着再做完善一点。

对于是否立刻推出这款并不算完美的产品，百度几位创始人也是犹豫不决，有持肯定态度的，有持否定态度的。但最后，还是李彦宏一锤定音，推向市场。

李彦宏当时是这样说的："你怎么知道如何把这个产品设计成最好的呢？只有让用户尽快去用它。既然大家对这款产品有信心，在基本的产品功能上我们有优势，就应该抓住时机尽快将产品推向市场，真正完善它的人将是用户。他们会告诉你喜欢哪里不喜欢哪里，知道了他们的想法，我们就迅速改，改了一百次之后，肯定就是一个非常好的产品了……这个过程中要不怕走弯路，但重要的是快速迭代，早一天面对用户就意味着离正确的结果更近一步。"

事实也果真如李彦宏所预料的那样，百度新品上线之后受到了用户的普遍欢迎。与此同时，百度研发团队从后台研究百万用户的使用习惯与应用方式，弄清楚了用户的需求，明确了改进的方向，从而集中力量对新产品进行了一次又一次的攻关。短短一周之内，对产品功能进行了上百次的更新，而这种不断迭代优化的思维一直延续到今日。

试想一下，如果百度坚持将产品做到尽善尽美之后再推出市场，百度还可能成为如今搜索市场的老大吗？恐怕是不能的。因为尽善尽美根本就是不存在的，追求尽善尽美只会无限期拖长产品面市的时间，这种做法，在产品更新换代如此之快的今天，无异于自杀。

纵观当今的互联网巨头，哪个不是通过快速迭代的方式让自己逐步成长壮大起来的呢？腾讯、阿里巴巴、奇虎360这些巨头企业，莫不是如此。

这是一个快速迭代和快速试错的年代，想到了就去做，错了就要立刻改，要知道用户的需求是不断变化的，在他们眼中永远没有最好的产品，只有更好的产品。

腾讯创始人马化腾曾经说过："在互联网时代，谁也不比谁傻5秒钟。你的对手会很快醒过来，很快赶上来。他们甚至会比你做得更好，你的安全边界随时有可能被他们突破。"所以，不管你的产品是否处于行业前沿，你都要有迅速迭代的思维，只有不断更新、迭代产品，才能达到"天下武功，唯快不破"的境界。

在这种大背景下，传统的商业思维已经不再适合当前的形势，你的对手不会等到你严谨布局之后才和你一较高低，"小步快跑，快速更迭"已经成为很多成功企业的发展常态。每天发现，每天修正，在不断完善中更迭，也能诞生出完美的产品。

第二章　天下武功，唯快不破：小米用快字诀独步天下

在快速前进中也不忘冷静思考

快速迭代，并不是说让你推翻以往的产品重新塑造全新的产品，也不是说让你不计后果地去迭代，把迭代当成一种必须完成的任务，而不是一种战略，那么这样做的后果只有两种，要么大倒退，要么被淘汰。

在传统企业界曾经有一句至理名言，叫做"边开枪，边瞄准"，这句话其实就是快速迭代思维的形象化表达。它除了体现出快速，还强调了瞄准。这个瞄准，在本节里的意思就是冷静思考。

只有在开枪的同时也能进行瞄准，才能准确地击中目标；同理，只有在快速迭代的过程中做到冷静思考，才能做出受市场认可的产品。小米公司之所以能在快速迭代中不断壮大，离不开其在快速前进中也不忘冷静思考。

小米迭代产品的速度非常快，但它从不盲目。我们就以小米系统MIUI版本迭代方式为例来说明。

小米MIUI系统主要有三个版本：体验版、开发版和稳定版。

1.体验版

体验版的升级迭代每天都会进行，只有小米内部用户才能使用和体验，外

口／碑／化：小米为什么能成功

MIUI 版本迭代

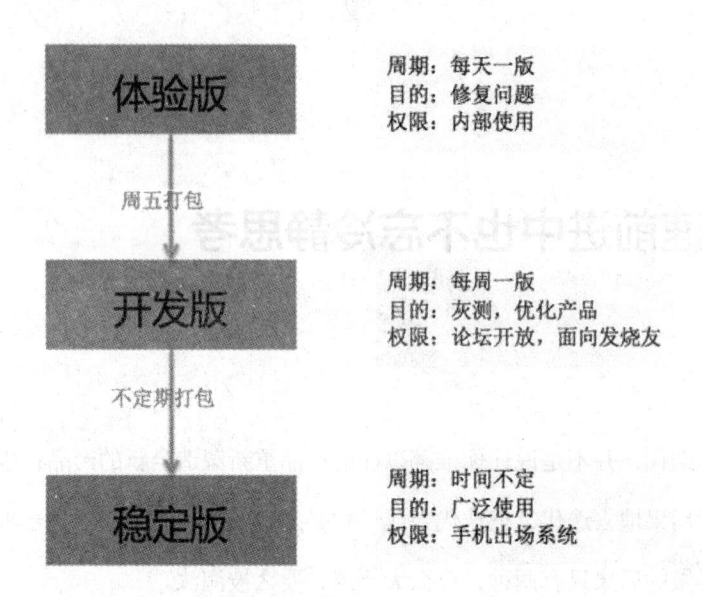

体验版
周期：每天一版
目的：修复问题
权限：内部使用

↓ 周五打包

开发版
周期：每周一版
目的：灰测，优化产品
权限：论坛开放，面向发烧友

↓ 不定期打包

稳定版
周期：时间不定
目的：广泛使用
权限：手机出场系统

部用户没有使用权限。该版本的主要目的是保证每天都有新问题被发现和解决。任何微小的问题都不放过。只有精益求精，才能无限趋近完美。

该版本要求主流程通畅，能够使用，允许有fouse close问题和界面粗糙。版本的主要目的是保证每天都有问题在解决，一些崩溃问题、ANR问题要在体验版中发现并解决。

2.开发版

开发版的更新迭代时间为每周五。只有小米发烧用户才能使用和体验，该版本的目的是通过广大发烧友的操作和反馈，发现MIUI系统中存在的问题并解决问题。

3.稳定版

稳定版的升级迭代时间并不稳定，一般情况下为1~2个月进行一次迭代，所有小米手机用户使用的MIUI系统都属于稳定版，正常情况下基本上不会出

第二章 天下武功，唯快不破：小米用快字诀独步天下

现任何问题。

我们从MIUI版本迭代中可以看出，虽然MIUI版本迭代速度很快，但它并非是盲目、随意性的。它的每一次迭代，都有切实的根据，都是在发现问题或者用户新需求的基础上进行迭代的。小米主要通过三个渠道获取用户反馈信息，然后对问题进行分类和处理，解决问题，产生需求，实现版本迭代。如下图所示。

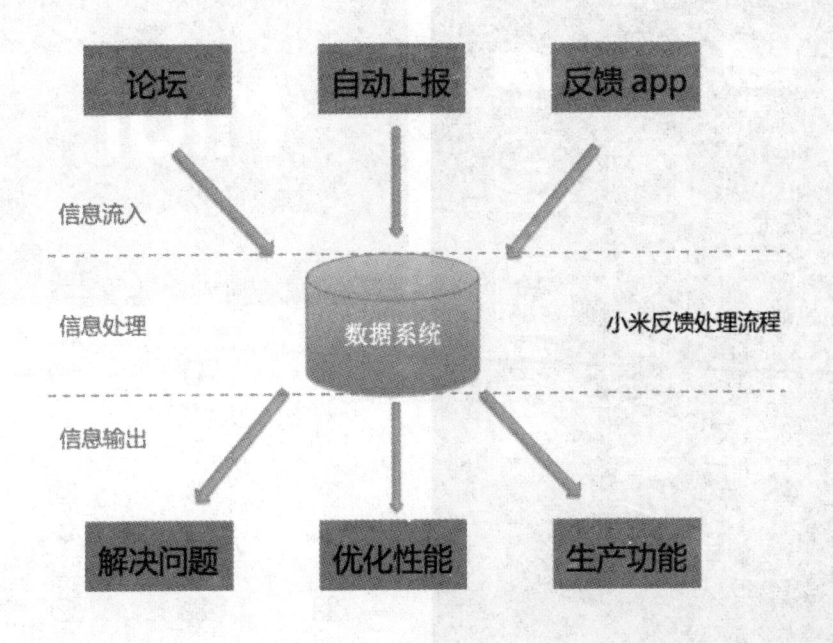

小米反馈处理流程

1.论坛

我们在前面已经说过，小米论坛上有近千万注册用户，每日发帖量在25万左右，这些就是MIUI系统能够不断更新迭代的动力源泉。

2.手机自动上报

用户在使用小米手机的过程中，如果出现系统崩溃或者死机的问题，小米

口 / 碑 / 化： 小米为什么能成功

手机会自动上报错误日志，后台会对错误日志分析处理，并根据反馈情况进行系统完善、更新、迭代。

3.用户主动反馈

小米手机上都带有一个用户反馈的APP，用户在使用过程中有任何问题都可以直接通过这一APP将问题直接发送给MIUI系统后台人员。

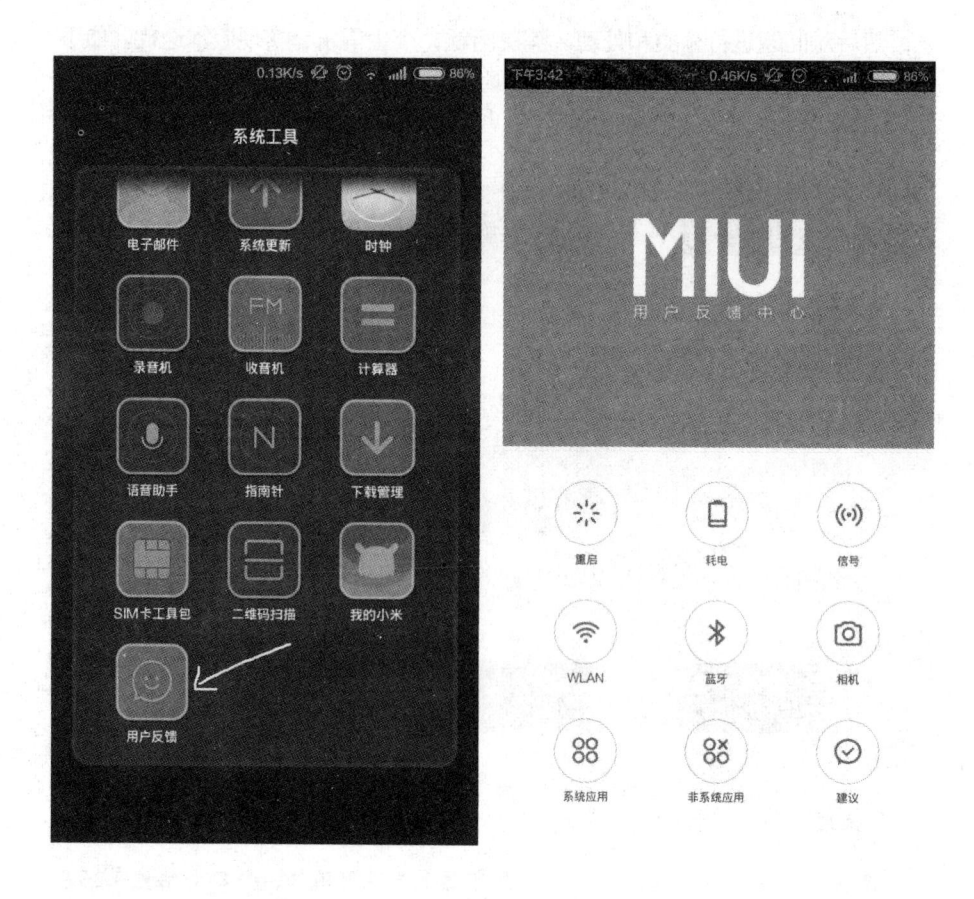

通过上面三种途径，MIUI系统每天都可以收到很多有用的反馈信息。系统工程师会对这些反馈信息进行分析、细节优化和功能完善，进而推出新的系统。

第二章 天下武功，唯快不破：小米用快字诀独步天下

MIUI系统的更新迭代流程代表了小米公司的迭代思维，从MIUI系统的更新迭代中我们可以看出，小米在快速迭代的时候，已经同步制订出了完善的迭代流程，为快速平稳的迭代奠定了基础。

小米通过布局畅通的信息反馈渠道，可以保证小米后台随时随地、每时每刻地零距离接触用户，可以第一时间接收到用户的真实反馈，将用户的需求转化为解决方案，进而实现快速迭代，这就是小米成功的主要原因之一。

有些企业看着竞争对手在不断地推出新的产品，害怕自己被市场淘汰或者被消费者遗忘，便也迫不及待地对自己的产品进行迭代和更新，但由于基础不牢，或者欠缺全面的思考，导致迭代后的产品无法得到消费者的喜爱，甚至还不如迭代前的产品受消费者欢迎，最后不得不以失败而告终。

所以，企业在运用快速迭代的互联网思维时，也要进行周密的思考，看自己是否具备快速迭代的条件。如果还不具备相应的条件，那么一定要去创造条件，只有符合了快速迭代的条件，才能确保成功。

组织架构扁平化促使小米极速前进

如今,小米的帝国传奇已经被越来越多的企业重视,很多企业家在交谈过程中,都会谈到小米、雷军这些话题。大家都很奇怪,小米究竟是怎样的一家公司,竟然在短短几年间就创造出了让世人震惊的"小米速度"(业界把小米这种快速崛起的模式称作小米速度)。

其实,小米的成功,除了凭借雷军这个非常优秀的管理者外,还离不开其有一个人数精简到最低水平、最精悍、反应最灵活的团队。也就是说,短小精悍、扁平有力的团队是小米成功的根本。小米依靠优秀人才最大限度地发挥其工作的积极性,创造出了前所未有的奇迹。

扁平化结构是相对于传统的金字塔结构而言的。

传统企业组织呈现出层级结构,由上到下依次有最高决策者、中间协调层、基层管理者,自下而上人员越来越少,它的形状犹如一座森严的金字塔。毋庸置疑位于塔尖的是独一无二、发号施令的决策者,中间的管理层一级一级向下传达指令,一直传给塔底的大批执行者;塔底的汇报、请示需要逐级传达,才能达到塔尖的决策者手中。传统管理模式之下,当组织规模扩大时,因

第二章　天下武功，唯快不破：小米用快字诀独步天下

管理幅度有限，管理层次就会逐步增加。

所谓扁平化模式，是指通过削减管理层级，缩短经营路径、减少经营管理通道、增大管理幅度，提高层级之间信息交流速度，从而提高经营管理效益与效率的企业组织模式。扁平型组织具有管理成本低、管理效率高、信息反馈迅速等显而易见的优点。

传统行业内部管理模式金字塔图

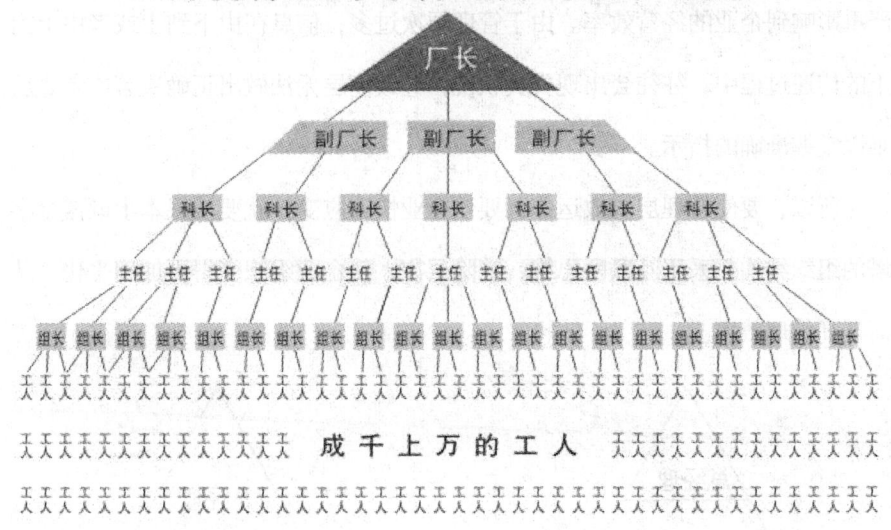

厂长
副厂长　副厂长　副厂长
科长　科长　科长　科长　科长　科长　科长　科长　科长
主任主任主任主任主任主任主任主任主任主任主任主任主任
组长组长组长组长组长组长组长组长组长组长组长组长组长组长
成千上万的工人

扁平化组织结构

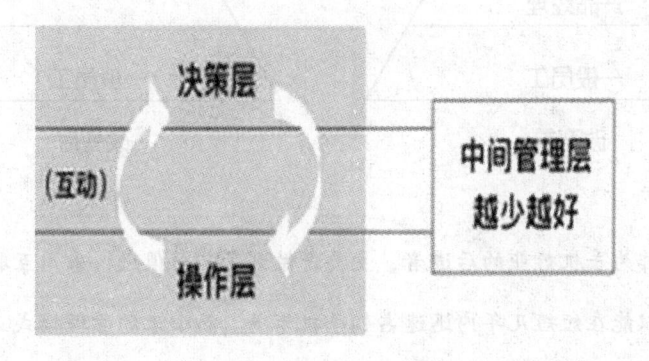

决策层 ⇅ (互动) ⇅ 操作层　——　中间管理层越少越好

通过图表我们可以看出，扁平化结构的特征在于管理层次少而管理幅度大，优势在于信息纵向流动快，管理成本低。并且，相对少的管理层级，让最下层单位拥有充分的自主权。

虽然金字塔组织结构在以往的企业管理中是一种非常有价值的管理方式，但时代在变，市场格局在变，消费者的喜好也在变，尤其是到了移动互联网时代，一切都讲究短平快，而传统的管理体制、企业组织结构的弊端日益暴露，严重影响到企业的经营效率。由于管理层次过多，信息在由下到上或者由上到下的传递过程中，往往会出现失真状况，导致高层无法做出正确决策或者底层难以掌握准确的指示。

所以，要使管理层有效运作，要使企业快速应变，就要从根本上颠覆金字塔的组织结构，采用互联网思维，消除层次，使企业组织变得更加扁平化，从而提高管理效率。

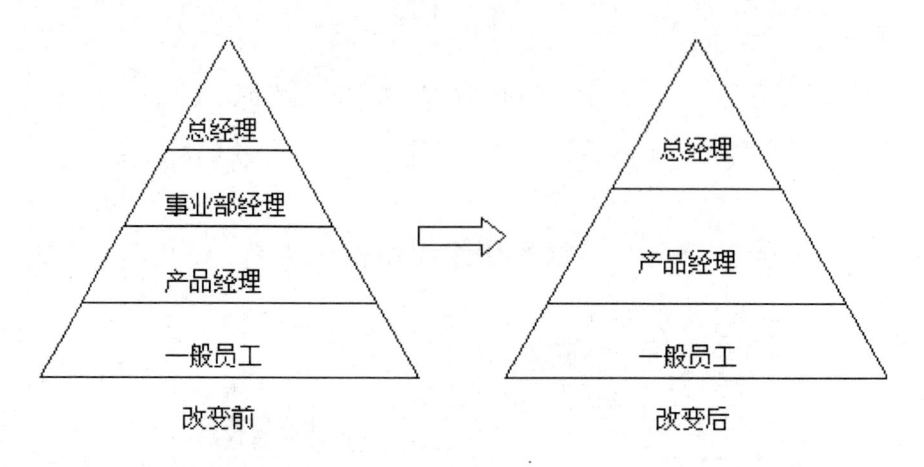

改变前：总经理 / 事业部经理 / 产品经理 / 一般员工 ⇒ 改变后：总经理 / 产品经理 / 一般员工

小米作为手机行业的后进者，主要是做到了与时俱进，采用互联网思维做手机，所以能在短短几年内迅速占领手机市场。而小米的管理模式正是扁平化

第二章 天下武功，唯快不破：小米用快字诀独步天下

的典范。因为无论是在管理方面，还是在产品研发方面，小米都采用扁平化组织结构，因为小米深知这是打造"小米速度"的重要前提。

小米的组织由七个核心创始人→部门领导→员工这三个层次组成，在发展的过程中，原来的团队一旦壮大，就立即分成几个便于灵活作战的小团队。管理扁平化，才能把事情做到极致，才能快速。

在小米科技的大楼里，人们发现小米的办公布局也呈现出扁平化，硬件、产品、电商、营销各占一层楼，每一位创始人管理一层，能够随时与员工面对面交流，提高了管理效率、节省了管理时间。公司的管理者很少，除了七个创始人拥有总裁、副总裁的职位外，其他人都是平行关系——工程师，他们的晋升就是涨薪，所以大家不会钩心斗角地争权斗势，都能专心致志地做自己的工作，如此一来就极大地提高了工作的效率。

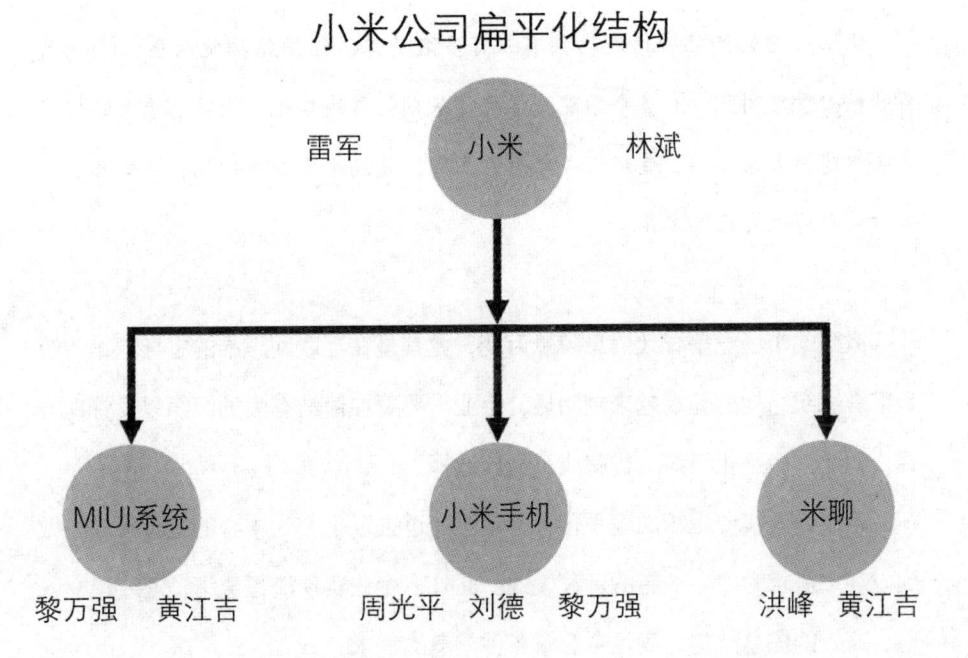

小米公司扁平化结构

雷军　　　　　小米　　　　　林斌

┌──────────────┼──────────────┐
MIUI系统　　　　小米手机　　　　　米聊

黎万强　黄江吉　　周光平　刘德　黎万强　　洪峰　黄江吉

口／碑／化：小米为什么能成功

为了及时解决用户关于产品的问题，小米赋予一线员工各种权力，当客服遇到用户对产品不满，客服经过分析，可以根据客户需求并结合自己的权力，通过赠送贴膜或其他小配件，来安抚用户，达到解决问题的目的。小米的工程师经常亲自与用户沟通，加深自己对产品理解和定位。小米还让工程师们把每一段代码成果公布，接受用户的反馈，于是当一项新开发的功能发布后，工程师们马上就会看到用户的反馈，大大提高了产品的用户价值。小米在产品管理业呈现扁平化，从而提高与用户互动的效率，提高用户问题的解决效率。

扁平化模式，是小米在短短几年时间里就取得成功的重要原因。这也证明了在互联网时代，组织结构扁平化是当今社会组织发展的一大趋势。并且，越来越多的企业开始采用这种模式，且已经获得了成功。

比如著名的淘品牌御泥坊拥有三百多名员工，组织结构就两层，CEO为首的核心管理团队→30多个学院，学院是基础的作战单元。除非有重大的任务才会组建庞大的部门，完成任务之后，立即恢复扁平化组织结构，各就各位，专心致志地做自己的事情。

激烈的市场竞争导致信息瞬息万变，尤其是在互联网思维的主导下，传统金字塔组织结构的弊端越来越明显，企业需要更加简洁有力的组织以及管理方式，如此，扁平化组织结构就成了最佳选择。

不过，要实现组织的扁平化，必须改变过去以生产为中心的运营模式，做到以客户需求为中心的新的运营模式。此外，企业实现流程重组，还要建立畅通、高效的信息结构，满足企业对各种信息的需求。

第二章 天下武功，唯快不破：小米用快字诀独步天下

天下武功，唯快不破。但如何做到快才是最重要的，也是企业最需要思考的。只有做到了像小米这样全面实现组织结构扁平化，并完善企业进行扁平化管理需要的各种条件，才能保持极速前进的状态，赢得超越对手的红利。

口 / 碑 / 化： 小米为什么能成功

如何才能做到快速迭代

迭代不仅仅是一种产品开发模式，更是一种思维方式，只有懂得将产品迭代和思维迭代同步进行，才能真正做到快速迭代。

在互联网时代，我们还可以等着用时间见证产品的魅力，但是发展到移动互联网时代，产品更新换代的速度非常快，如果你的产品两三个月还没有得到人们的认可，那它很可能就死掉了。所以说，移动互联网时代是一个充满机遇，但同样具有风险重重的时代，一不小心就会前功尽弃。只有那些实力强大的企业才能活下来。

这里说的实力强大，并非是指企业的规模大，资金多，而是指应变力的强大。应变力越强，迭代速度就会越快，就会越容易推出适应市场和消费者心理的产品，进而占据市场主导权。

这是一个犹如逆水行舟不进则退的时代。对于企业来说，站着不动不是求稳，而是倒退。在移动互联网时代，企业管理者要明白，反应迟钝就是在葬送企业的命运，因此该前进时，要尽快迭代。这样，才能有机会时抓住机会，没机会时创造机会，大步推进，让企业持续发展。

但是，迭代绝非是我们嘴上说的那么容易，它不仅要具备一定的技术条

第二章 天下武功，唯快不破：小米用快字诀独步天下

件，还需要具备一定的心理条件。

在快速迭代已经成为主流的战略规划的当下，仍有不少企业因为技术或者心理条件的不成熟，犯下面类似的错误：

对产品追求尽善尽美，总是想要等到产品彻底完美之后，才推向市场；

精心布局，铺大摊子，总是追求在全方位作足准备之后才去展开行动；

害怕失败，不敢有所创新，更不敢轻易对产品更新换代。

迭代思维的本质，是要及时乃至实时地把握用户需求，并能够根据用户需求进行动态的产品调整。所以，要想实现快速迭代，首先就要能够及时乃至实时地把握用户需求。

一般来说，传统企业采用的是研发、生产销售的标准模式，需求阶段更多依靠的是用户调研和第三方报告，研发周期长，产品推出后就只能靠运气决定结果了。这正是传统巨头企业被互联网新贵企业冲击得七零八落的原因。

华住酒店集团在全世界的酒店当中位列16强，就是这样一个优秀的企业，仍旧在互联网思维的冲击下，感受到了前所未有的危机。

唯品会刚刚开始创业的时候，还找华住的董事长季琦取过经，但是才过了几年，唯品会的市值就已经是华住的3倍多了。华住发展了近10年的时间，竟然轻易就被一个刚创立没多久的企业远远甩在了后面，顿时感觉压力很大。

在2013年的一次商业领袖年会上，季琦表示一定要将华住做成市值超过100亿美元的大企业，这时候台下响起一片掌声，季琦觉得非常满意。雷军在他之后登台发言，发言中雷军提到，小米在第一轮的融资就不止100亿美元。

雷军的发言让季琦再也淡定不起来，甚至说是忧心忡忡，因为小米才成立了三年就超过了自己，由此可见企业已经危机重重，将来的日子会很难过。

当然，这个案例并不是说华住酒店很失败，相反，华住酒店是酒店行业类的翘楚。这个案例主要是想告诉大家，互联网新贵企业之所以能够取得迅速的发展和卓越的成绩，是因为它们具备快速迭代的优势，正是这一优势，推动它们完成了很多不可思议的奇迹。

那么，在移动互联网时代，企业如何做，才能实现快速迭代，增强自身竞争力的目的呢？这就需要企业能够做到以下三点：

1.根据用户需求不断完善产品

用户是产品的最终使用者，对产品最具有发言权，根据用户需求不断完善产品，让产品不断贴合用户需求，就能打磨出深受市场欢迎的产品。

MIUI快速迭代的秘籍包括：在产品方向上聆听用户的声音、相信用户的直觉、尊重用户的选择；在产品反馈方式上，不同的角色各司其职；在实验中摸索适合自己的发布节奏。多管齐下的方式，让MIUI系统能够随着根据用户的需求而改变和完善。

只有不断完善产品，才能实现快速迭代。如果产品的功能或者质量没有任何变化，那么不管产品多新，都不算迭代产品。即便你冠以迭代产品的头衔，用户也不会领情，甚至还会把你的行为看成欺骗行为。

此外，迭代的产品必须是建立在满足用户需求的基础上，如果脱离了这个基础，那么迭代后的产品也很难赢得用户的喜爱。

2.速生速死，快速更迭

就像我们在前面反复强调的那样，没有一件产品是一面世就完美成熟的，任何一件产品都有一个从不成熟到成熟的过程，速生速死，快速迭代，才能保证产品具有长盛不衰的生命力。

快速更迭，不是说一定要做好了，才能上线，半成品也能上线。如果一开始就贪大求全，那么就会陷入一种无休无止的返工、完善过程中，这会让企业错失很多机遇。腾讯微博比新浪微博晚半年上市，那么即便强大如腾讯，它的微博活跃度依然抵抗不过新浪微博，这就是明证。

此外，在快速迭代中还要勇于创新，快速实现创新想法，并在后续的迭代中不断优化。如此，才能收获快速迭代带来的红利。

3.允许犯错，允许适度浪费

很多企业在研发产品过程中总是会担心失败或者担心浪费研发成本，其实，这种担心完全没有必要。在产品研发乃至更新换代过程中，没有谁可以保证自己的产品一定就能成功。在产品创新这个问题上，正确的做法应该是容许犯错，容许适度浪费。

就拿腾讯微信诞生的过程来说，在腾讯内部，同时有几个团队在研发基于手机通讯的软件，每个团队的设计理念和实现方式也都是不一样的，但最后微信受到了更多用户的欢迎。显然，这种情形下的多团队开发就不是一种资源浪费，反而是一种内部良性竞争机制。

总之，身处移动互联网时代，只有对消费者的需求快速做出反应，及时做出改进，才更容易黏住顾客。所以，无论是颠覆性的迭代，还是微创性的迭代，都是非常必要和有价值的。只要能够长期坚持快速迭代这一原则，那么企业就很有可能成为行业中的领袖。

第三章

>> **找准企业的DNA：**
小米的DNA就是互联网DNA

一家企业，要想在高手如林的竞争对手中脱颖而出，首先就要找准企业的定位。没有清晰的定位，只有被对手棒杀这一悲凉结局。小米之所以能在短短五年内就成为国内手机行业的大哥大，是因为它找准了自己的企业定位，并且顺应时代潮流，将自己的企业打造成了拥有互联网DNA的企业。

口 / 碑 / 化： 小米为什么能成功

小米是一家互联网企业

从小米公司正式成立，到小米手机风靡市场，在人们的眼中，都一致认为小米只是一家生产手机的公司，如果再往高规格上说，充其量也就是一家IT硬件企业。毕竟，其他生产手机的公司，连贴上IT厂商标签的资格都没有。说小米是一家IT企业，主要是因为雷军出身金山公司，并且在做天使投资人时投资了多家IT企业。

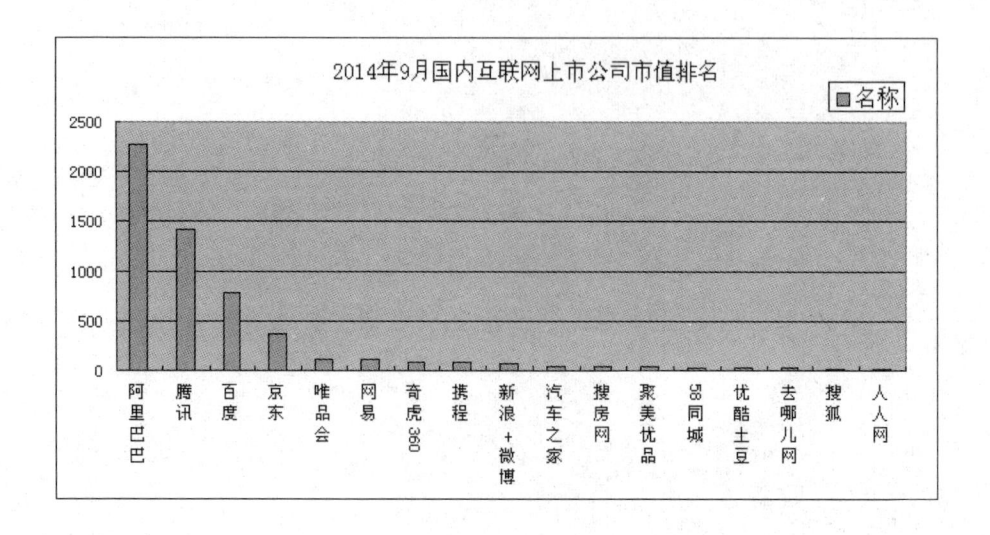

2014年9月国内互联网上市公司市值排名

(柱状图：阿里巴巴 约2300、腾讯 约1430、百度 约800、京东 约400、唯品会、网易、奇虎360、携程、新浪+微博、汽车之家、搜房网、聚美优品、58同城、优酷土豆、去哪儿网、搜狐、人人网)

第三章 找准企业的DNA：小米的DNA就是互联网DNA

直到2013年8月22日深夜，雷军在微博上写道：小米搞定了融资，估值过百亿了。众人才如梦初醒，原来小米确实是一家互联网企业。100亿美元的估值，一举让小米成为国内第五大互联网公司。排名仅次于阿里巴巴、腾讯、百度、奇虎360。

2015年1月，小米完成了第五轮融资，公司估值达到了450亿美元。这是一个令人震惊的消息，因为这意味着小米已经超过了全球估值最高的未上市公司Uber（估值400亿美元），坐上了全球估值最高的未上市公司的头把交椅。要知道，在2013年时，业内人士预测小米在2015年的估值会达到200亿美元，而450亿美元的实际估值是预测数值的两倍多。

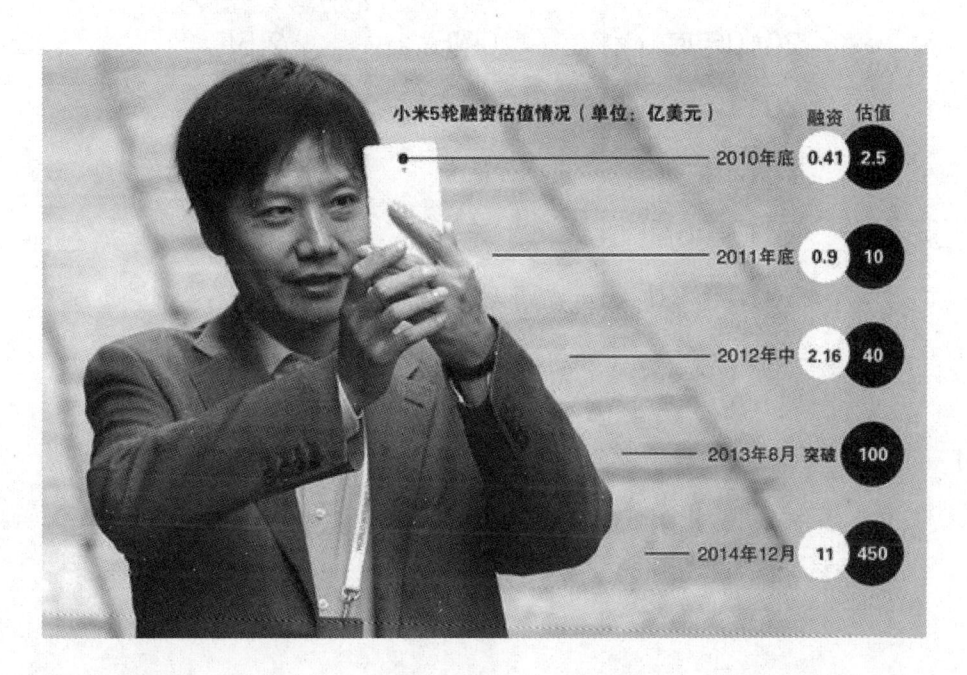

小米5轮融资估值情况（单位：亿美元）

	融资	估值
2010年底	0.41	2.5
2011年底	0.9	10
2012年中	2.16	40
2013年8月	突破	100
2014年12月	11	450

有着27亿美元身家的知名投资大佬Yuri Milner曾对小米的估值进行过评价，他说："小米估值远不止450亿美元，可能高达1000亿美元。以目前的情

口 / 碑 / 化： 小米为什么能成功

况来看，我们找不到任何一家公司像小米一样迅速将营业额做到10亿美元。以任何标准来看，其增速都是前所未有的。所以，我被小米潜藏的巨大机会吸引了。"

是什么让小米在不到一年半的时间内估值从100亿美元暴涨至450亿美元？小米又是如何仅仅用了四年时间就成为了中国投资领域中最能吸金的企业？

小米估值4年升180倍

年份	融资（美元）	估值（美元）
2010年底	4100万	2.5亿
2011年底	9000万	10亿
2012年中	2.16亿	40亿
2013年8月	未详	100亿
2014年12月	11.00亿	450亿

这其实是由小米公司的DNA决定的。小米公司的互联网企业基因，决定了它在手机行业中的与众不同。加之雷军这个擅长运用互联网思维管理企业的CEO，最终成就了小米奇迹。

而这一切，还要归功于雷军在金山公司工作时获得的工作经验和管理心得。

雷军在金山公司时，那么多年都干着没有周六和周日的工作，他平均每天要把三分之二的时间用在工作上，这使他身心俱疲，经常处在一种十分劳累的

第三章 找准企业的DNA：小米的DNA就是互联网DNA

2014年小米公司
手机售出6112万台，增长227%
含税销售额743亿元，增长135%

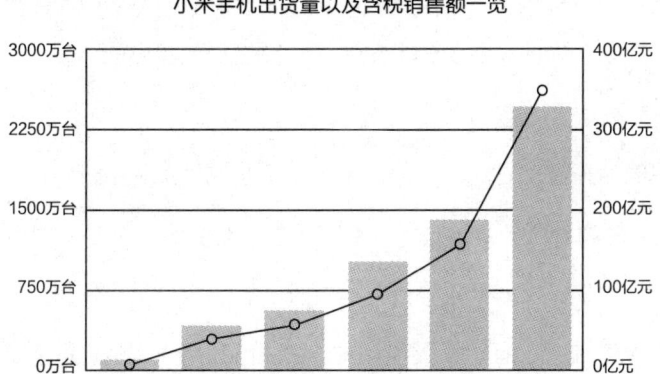

小米手机出货量以及含税销售额一览

○ 出货量　　■ 含税销售额

状态下。他这个中关村里的"IT劳模"，把全部身心都扑在工作上，死扛猛打，但结果却并不理想，金山还是背负着很沉重的苦难，走得异常艰难。

当以前曾经求金山收购的腾讯公司都已经成了一家大企业时，金山公司却依旧为自己那每年的收益能不能达到一两千万而担忧。雷军在金山执掌大权，经历过辉煌，也有过惨不忍睹的失败，但金山却没有什么起色，仿佛陷入了无边的黑暗，挣不开也躲不掉。

雷军不希望继续这样下去了，做企业不应该这么累的，起码累也应该有相应的等价回报，但金山的付出和回报显然不成比例了。他不比别人笨，也不比别人傻，而且还非常努力，那到底差在哪呢？就是方向的问题。

杀敌一万，自损三千，打仗需要牺牲，企业也需要拼杀，这本来无可厚非。但是，如果方向不对，就是事倍功半的结果，方向选对了，就会如鱼得水、游刃有余。金山拥有中国最优秀的工程师团队，不但战斗力超群，而且执行力非常强。但是金山的方向没有选对，所以相当于有力无处施，好钢不用在刀刃上就一点用都没有。

雷军反思之后，终于悟出了应该顺势而为的道理。所以后来他做小米时，让消费者来决定小米的发展，让米粉们开口说出自己想要的产品，然后小米再去做。

用雷军的话来说就是："我们做手机，不是说想把什么带给用户，而是用户需要什么，我们把它做出来。"这句话就足够证明小米是一家互联网企业了，因为它运用的是互联网思维进行运营管理，它虽然销售手机，但它的商业模式是不靠硬件赚钱，而是靠服务赚钱。它能够和用户实现无缝对接，充分听取用户声音，而这正是传统企业难以做到的。

纵观当下那些卖手机的企业，唯独小米公司被众人贴上了互联网公司的标签，靠的就是其独特的市场定位和运作模式。

或许，有些人还不清楚为什么说小米是互联网公司，我们不妨做一个直观的对比。

在国内举办的手机新品发布会上，传统手机供应商最喜欢拿出货量、市场占有率、营业额这些数据来做分析。而小米却从不将这些当成重点，小米会以互联网服务部分，如操作系统优化、云服务、应用商店等内容为重点，在新品发布会上，主角永远是粉丝数、MIUI、版本迭代更新次数、新的软件应用等。

小米正是靠着自己的互联网DNA，让其一跃成为手机市场的新贵，创造了许多令业界吃惊的小米现象：小米手机把智能手机的价格一下子拉了下来；

第三章 找准企业的DNA：小米的DNA就是互联网DNA

小米让粉丝文化深入人心；小米跨界做各种产品，如路由器、耳机、小米盒子、电视、家居等；小米将移动互联网时代的新思维玩得炉火纯青。如果不是小米，移动互联网不会这么热门。

小米的成功，正是因为它适应了时代，找准了企业定位，将互联网基因融入到了企业中，顺势而为，才最终取得了辉煌的成功。如果小米一开始将企业定位为传统的硬件提供商，那么我们就不可能看到今日的小米。

口 / 碑 / 化：小米为什么能成功

小米只在互联网上卖手机

  小米公司作为一家互联网公司，它最明显的标志就是商业模式互联网化。小米手机作为首个互联网手机品牌，它不仅利用互联网模式进行开发，还利用互联网渠道进行销售，并且只在互联网上卖手机。

  小米这一极具特色的商业模式，一举颠覆了传统商业模式的游戏规则。它利用互联网这一和用户无限贴近的渠道，打造出了独特的粉丝文化。

第三章 找准企业的DNA：小米的DNA就是互联网DNA

当苹果问世后，一时间风靡全球。手机行业也开始流行这样一个说法：现在智能手机只分两种，一种是苹果，一种是非苹果。任何人都知道这句话背后的含义。雷军自然也不例外。他在创办小米之初，就告诉自己，打败苹果的方式绝不是再复制一只苹果，而是颠覆。

如何颠覆就成了雷军需要思考的问题，也成了小米将来的发展走向。经过一番深入的思考，雷军终于对小米做出了颠覆性的定位：通过互联网方式研发的小米不设任何线下销售渠道，而是用电子商务的方式，只在互联网上销售小米。

雷军对小米公司的这一定位，具有一箭多雕的特性。首先，它符合小米是互联网公司这一定位；其次，它通过在互联网上直接销售手机，手机可以直接送达用户手中，如此一来就减少了很多中间环节，节省了所有中间成本，让小米手机比所有同等配置的手机更有价格优势；再次，它可以直接和用户建立联系，为自己建立稳定的客户群。

然而，任何颠覆性的决策在最开始的时候都是不被众人理解的，甚至获得的是嘲笑。小米自然也不例外。一开始，小米这种模式并不被外人看好，很多人甚至认为小米将会落得一个很狼狈的下场。

因为之前的手机销售模式主要有三种：一种是门店销售，通过全国的各级代理，在手机商城、电器商场、专卖店等地销售；一种是与运营商合作，推出各种合约机；还有一种是在电子商务网站上进行手机销售，比如在淘宝、京东这类电商平台上销售手机，但当时网购手机并不是主流。

在这种情势下，小米要想在自己的官方网站上销售手机，难度可想而知，并且，在小米之前，已经有过前车之鉴。

口／碑／化： 小米为什么能成功

在小米之前，谷歌就推出过第一款自有品牌手机Nexus One，并且采用的互联网销售模式，这部手机曾被谷歌寄予极大的厚望，但是结果却令人失望。因为这款手机只在官网上销售，对于没有这方面经验的谷歌来说，可谓是糟糕透顶。

Nexus One几乎验证了互联网销售手机的所有弊病。比如，由于消费者看不到和体验不到实体机，很难决定是否购买；网上购买手机很容易让消费者产生落差感，觉得手机不如预期的好；采用互联网直销，没有了中间的分销商，手机在最底层缺乏发力营销的渠道；售后服务靠网络解决，给用户造成了很大的不便，比如用户需要支付返修邮递费用，且返修时间长。

种种不利情况让Nexus One出师不利，发售两个多月才售出了两万部，并且还遭到了各种各样的客户投诉。最后，谷歌不得不在半年后就停售了这款手机。更可悲的是，Nexus One还被美国《时代》周刊评为"年度三大失败的科技产品"之一，理由也很充分，谷歌没有良好的市场营销，没有零售渠道等，这一度让时任谷歌掌门人的安迪·鲁宾非常难堪。

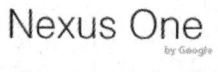

第三章 找准企业的DNA：小米的DNA就是互联网DNA

小米初创时期，雷军曾经到谷歌高薪聘请工程师，当对方听到小米要在互联网上卖手机后，提出了种种质疑。其中一种最让人印象深刻：实力强大的谷歌都做不好的事情，名不见经传的小米凭什么做得了？并且，为了进军通信市场，谷歌花费了125亿美元收购了摩托罗拉，而小米有这种能力吗？

对于种种质疑和不理解，雷军早已想好了对策。他觉得只要满足了两个条件，就可以避免Nexus One的失败境遇：第一，事先做好营销，打造知名度，这样才会有人在网上购买；第二，要有足够的力量解决售后问题，打消人们对于售后服务的顾忌。

首先，雷军团队网罗了一批小米发烧友，让他们代替终端销售商，进行口碑营销；其次，与实力强大的电商平台合作，比如与凡客诚品合作，将仓储、配送甚至是售后服务都交由对方负责；最后，小米团队事先在论坛上打造一支超过30万人的活跃用户队伍，让他们充当开拓市场的急先锋，通过间接的口碑营销让更多人知道小米手机。

2010年，正值微博营销兴起，小米迅速抓住这一机遇，将微博营销打造成其塑造品牌的主战略。从那时候起，凡是有用户出现的地方，就少不了小米开展营销的身影。小米论坛、QQ微博、QQ空间、新浪微博、微信、百度等互联网地带都几乎被小米话题刷屏。

最终，小米靠着极大的营销宣传力度，第一批30万台手机很快就在网络上销售一空。之后，小米如法炮制，手机出货量节节攀升，并建立了自己的电商平台——小米网。到2014年，销售量达到了空前的6120万台，是2013年销售额的227%，排名仅次于苹果和三星。

口 / 碑 / 化： 小米为什么能成功

小米始终坚持只在互联网上卖手机这一定位，从不采用大规模投放广告的传统营销方式，而是更注重口碑营销，也正是靠着这一独特的优势，令小米获得了迅速崛起的机会。如今，小米粉丝遍布全国，每个粉丝都可以参与到小米的更新迭代过程中。

移动互联网时代，谁拥有了大量用户，谁就可以获得更大的盈利规模。由此可见，小米的未来将会更加辉煌。

第三章 找准企业的DNA：小米的DNA就是互联网DNA

小米的DNA就是重视冰冷的数据

在移动互联网时代，互联网公司，本质上都是数据公司。任何互联网企业都深知，数据是企业生存的根本。如果互联网企业不懂得大数据，不懂得其运作原理，不仅会造成企业发展滞后，处处受制于人，还会让企业失去立足之本。

这是一个以数据和技术为王的时代，一切皆可数据化。互联网企业用大数据作为各种管理、营销的重要参考依据，意味着一场管理革命的真正开始。这也是未来十年互联网企业发展的主要方向。所以，小米作为一家互联网公司，自然不会不重视数据的威力。

一般来说，大数据具有四个基本特征：

Volume：数量巨大，经常达到TB（1TB=1024GB，一台电脑的容量是500GB）、PB（1PB=1024TB）乃至EB（1EB=1024PB）的数量级。体量巨大意味着对于大数据进行存储和处理需要消耗大量的空间和时间。截至2012年，人类生产的所有印刷材料的数据量是200PB，全人类历史上说过的所有话的数据量大约是5EB。

Variety：多样化，数据类型多，不同的来源，不同的结构，不同的层次，时效性差异非常大。多样化意味着大数据处理的手段异常复杂，难度极高。

Velocity：变化快，我们正生活在一个数据大爆炸的时代，数据无论是产生还是变化方面都以一种非常快的速度进行着。这就要求处理大数据的速度也要快，否则旧的数据还未处理完，新的数据又产生了，这样就无法全面挖掘数据的真实价值。

Value：价值密度低，就是每个单独的数据看起来没有什么价值，但把它们整合在一起，就能凸显出巨大的价值。

雷军在创办小米之初，就意识到了数据的重要性，所以他才把小米定位为互联网公司，并将粉丝营销放在第一位。因为在和粉丝交流、互动的过程中，可以获得很多数据，这些看起来冰冷的数据，其实是小米不断完善和迭代的基因。

小米的MIUI为何比其他99.9%基于安卓系统的定制OS更细腻、更人性化？这就是小米重视数据的结果。用过小米MIUI系统的人都知道，小米有个令国内同行羡慕的小米论坛，那里每天成千上万人都在那里贡献着自己的智慧，争论到底某个细节该如何改进。论坛上每天都会产生各种各样的数据和信息，而这些数据和信息正是小米工程师关心的。

因为用户需要什么样的手机，工程师心里并没有底儿，而这些数据正好可以告诉他们用户的真实需求是什么。为了拥有更多有效的数据，小米的工程师还会通过论坛和微博，与用户一对一地沟通，问用户需要什么样的手机。用户

第三章 找准企业的DNA：小米的DNA就是互联网DNA

提出各种各样的要求，研发人员对要求进行整合设计，设计样品给用户看。

同时，雷军每天也会花一个小时，浏览微博、论坛上的评论和帖子，并进行回复。而且他还要求小米所有的工程师都要参与回复论坛上的帖子，并且把这当成小米内部的一项考核指标。目的就是从评论和帖子里挖掘出有用的数据，持续不断地优化小米。

按照用户的要求生产的手机，怎么会不受到用户的喜爱呢？小米和传统的手机生产商不同，它从一开始就注重数据收集，更是让用户直接参与手机的设计，巧妙地将各种冷冰冰、看起来没有丝毫价值的数据转化成可参考的标准，生产什么样的手机由用户提供的各种数据决定。对于互联网企业来说，这种基于用户行为做出的数据分析和需求预测，无疑为商业决策和精准营销提供了依据。

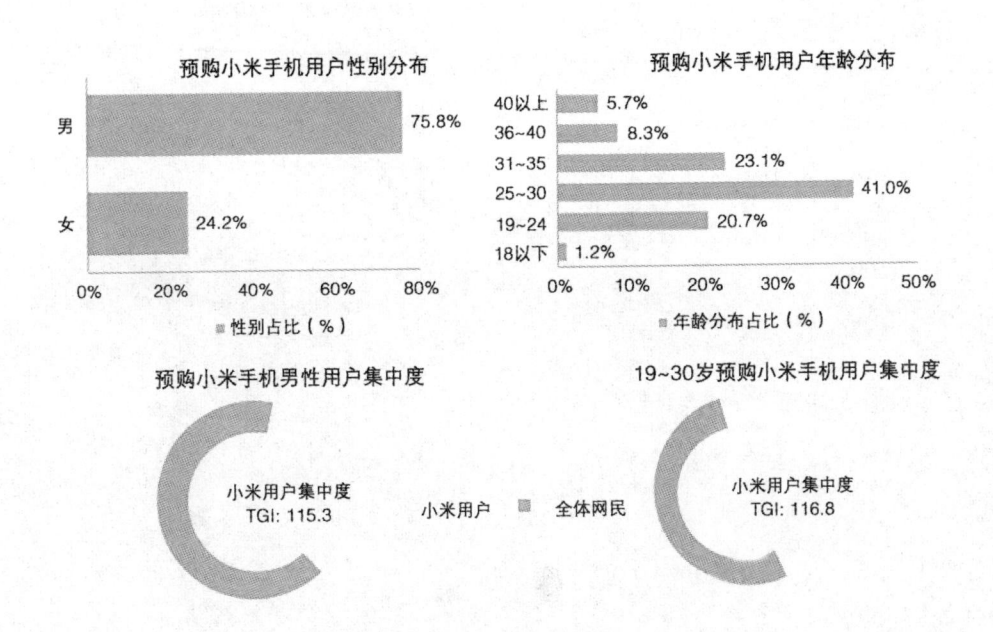

预购小米手机用户性别分布
- 男：75.8%
- 女：24.2%

预购小米手机用户年龄分布
- 40以上：5.7%
- 36~40：8.3%
- 31~35：23.1%
- 25~30：41.0%
- 19~24：20.7%
- 18以下：1.2%

预购小米手机男性用户集中度
小米用户集中度 TGI：115.3
小米用户　全体网民

19~30岁预购小米手机用户集中度
小米用户集中度 TGI：116.8

口 / 碑 / 化： 小米为什么能成功

关注小米手机用户区域覆盖度

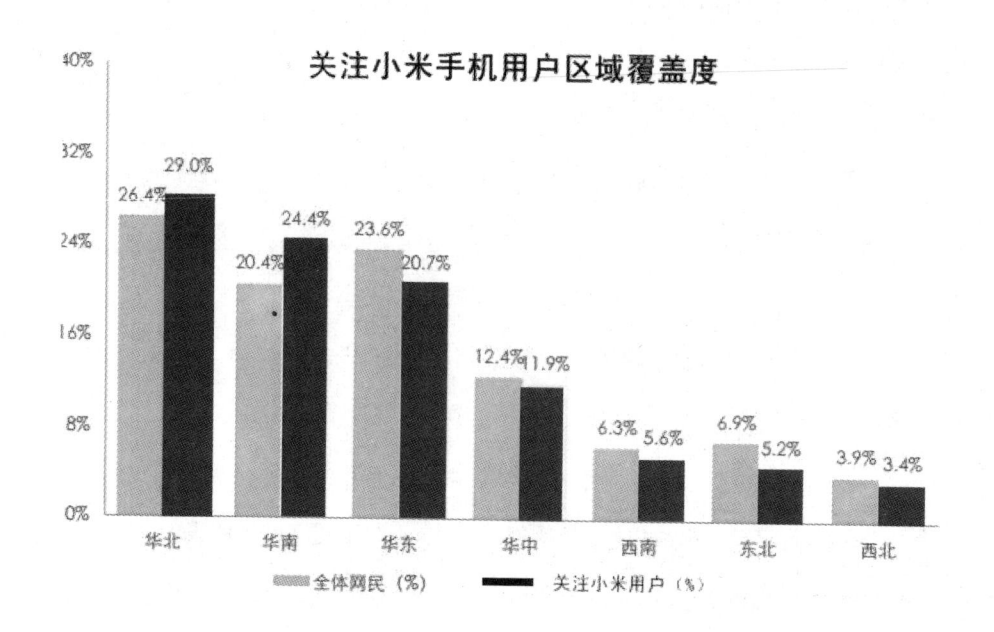

区域	全体网民（%）	关注小米用户（%）
华北	26.4%	29.0%
华南	20.4%	24.4%
华东	23.6%	20.7%
华中	12.4%	11.9%
西南	6.3%	5.6%
东北	6.9%	5.2%
西北	3.9%	3.4%

关注小米手机用户城市覆盖度

省份排名	小米用户	全体网民
北京	7.57%	5.44%
广州	5.52%	2.50%
上海	4.60%	3.50%
深圳	4.28%	2.52%
天津	3.50%	2.27%
郑州	3.45%	2.07%
武汉	2.77%	1.55%
石家庄	2.76%	1.51%
吉林	2.39%	2.38%
成都	2.33%	1.77%
西安	2.29%	1.49%
重庆	2.15%	1.82%
东莞	1.94%	0.92%
苏州	1.92%	1.52%
杭州	1.80%	1.68%

关注小米手机用户区域分布集中度（TGI）

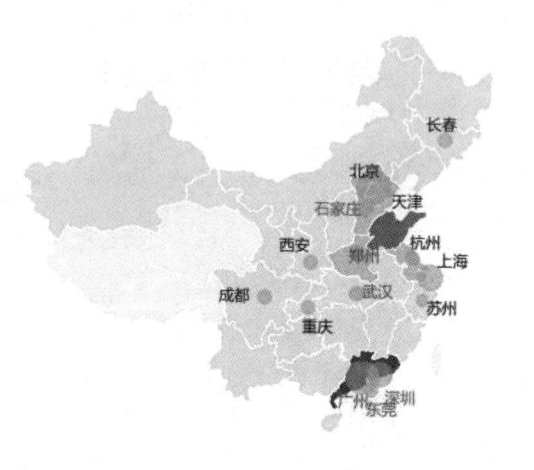

第三章 找准企业的DNA：小米的DNA就是互联网DNA

小米用户数量最多的三个行业

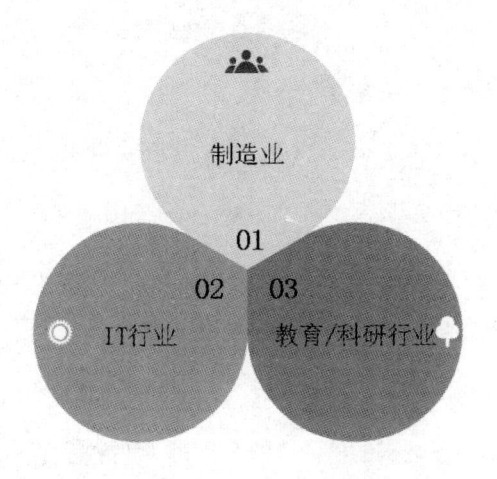

制造业 01

02 IT行业

03 教育/科研行业

纵观世界知名的互联网公司，无一不是典型的"数据驱动"型企业，就拿我们身边的三大互联网巨头来说吧。百度主要靠两种类型的大数据在互联网市场上称霸一方：用户搜索表征的需求数据和爬虫和阿拉丁获取的公共web数据；阿里巴巴拥有的数据更加丰富，比如用户交易数据、用户信用数据，以及通过收购、投资等方式掌握的部分社交数据、移动数据，阿里巴巴正是靠着这些强大的数据在电商市场所向披靡，鲜有对手；腾讯拥有用户关系数据和基于此产生的社交数据，正是这些数据，为腾讯带来了源源不断的目标客户和流量入口，让众多企业不得不花大价钱购买腾讯掌握的重要数据。

小米一直把数据当成公司的财富，有了各种数据，就可以轻松制订出各种营销决策，这正是小米能够战胜其他对手的原因。可以说，小米作为一家互联网公司，更是一家数据公司，它的产品都是根据数据生产的。为此，小米还建立了自己庞大的数据库。

口／碑／化：小米为什么能成功

下面的文字来自雷军参与福布斯杂志访谈时所说的话：

"在2014年10月1日的时候，小米云每天存储的数据已经到了380个T，这仅是中国的，我们今年的数据比去年涨了六倍，明年比今年最少还有三倍的成长。

"在大数据这个领域里面，我们也找了很多专家，像我们负责服务器的崔博士，包括他那里带领的HBase的team，我们有两个进入了全球的community。全球有三十几个，中国占了三个。其中小米有两个，阿里巴巴有一个。所以我们在大数据方面已经有很好的技术储备了。"

由于小米充分挖掘了数据的价值，它可以准确地掌握客户的真实需求，对用户的喜好、地域分布、年龄大小等都有着精准的了解，这就可以保证小米每次都可以迎合用户的喜好，生产出让他们尖叫的产品。而如果没有了那些数据做支撑，小米就会像其他传统企业一样被用户抛弃。

在移动互联网时代，谁掌握的数据更多，更全面，谁的价值就越大，竞争力就越彪悍。这也是互联网企业一直不惜一切代价去收集各种数据的原因。所以，小米的成功，绝不是因为幸运，而是它精准地把握了时代脉搏，懂得这是个靠数据制胜的时代。

第三章 找准企业的DNA：小米的DNA就是互联网DNA

小米玩转互联网"概念股"

经过几年的发展，小米做出了种种事迹，即便小米不说自己是一家互联网公司，大家也会给它贴上互联网公司的标签。因为它将通过自身的行动，将公司的互联网特色本质发挥得淋漓尽致。

小米爱玩概念是业界内出了名的，不管互联网上有什么热门概念，小米都会将其与自己的产品或者营销联系起来。前面我们已经说过小米手机青春版玩的就是关于青春概念。因为那段时间"青春"这一概念是最火的。

其实只要认真了解一下小米的发展历程，就会发现它玩过的概念实在是太多了。

2014年，《来自星星的你》非常火爆，基本上每一个年轻人都被这部剧迷得神魂颠倒，于是小米就利用这个概念来做一种青春的宣传。虽然宣传不是像小米青春版那样有概念性的海报，但是借助《来自星星的你》宣传效果还是非常好的。

当人们对《来自星星的你》疯狂追剧的同时，随着女主角千颂伊的一句话:"下雪了,怎么能没有炸鸡和啤酒?"啤酒和炸鸡这个非常不错的搭配饮食马上受到了大众的喜爱。于是小米就借助这件事来了一次宣传,宣传的方法就是在公司的食堂提供免费的啤酒加炸鸡。当然,这样做还有一个原因,小米2S当时有一个直降400元的活动,这样做是为了对这次活动表示庆祝。

小米公司的官方微博发出了这样一段话:"不管今天是否下雪,不管叫兽二千结局如何,欢迎来自星星的你,免费吃炸鸡喝啤酒,共庆小米2S直降400元!PS:老板说了,喝醉的同学下午就不用上班了哦!见者有份,想来的请举手!"

吃炸鸡 喝啤酒
庆小米2S直降400元

同时,小米还伺机推出了和《来自星星的你》主题相关联的配件产品,比如小米网限量预售的"来自星星的后盖":深蓝(叫兽款)、浅蓝(二千款)百变保护壳和D百变后盖。

小米不停地玩概念,也不停地更换概念。小米总是能让自己的概念独出心

第三章　找准企业的DNA：小米的DNA就是互联网DNA

裁，和别人的概念不一样，做到既有与众不同的内涵，又有十分抢眼的效果。小米在玩概念时，总会遵守一个原则，互联网上什么最火玩什么。概念是不是自己原创的并不重要，重要的是在玩概念的时候要顺势而为，什么样的概念当前最容易火，现在的人们心中一般都有哪些需求，就玩什么样的概念。

口 / 碑 / 化： 小米为什么能成功

当其他手机的CPU普遍都没有跟上时代的快速节奏时，小米又找到了新的契机，于是开始玩"快"的概念，用高通的CPU在安兔兔上跑出了高分，其他的手机全都败下阵来。米粉们也经常会借着这一点来夸耀小米手机，对其他手机的粉丝们说："不服跑一个！"小米这个"快"的概念又成了它独一无二的卖点。

等其他手机的硬件技术也都做得非常好了，小米没有什么更为抢眼的优点了，雷军又开始使用时下最为流行的"工艺"概念，让所有人都沉浸在它精益求精的工匠精神里。在小米4的发布会上，雷军用"一块钢板的艺术之旅"这一主题，诠释了小米的"工匠精神"，让很多人都忍不住拍案叫绝。

雷军通过一个2分46秒的视频告诉大家：小米4自2013年2月立项，历经18个月6代工程机。小米4金属边框，采用奥氏体304不锈钢，40道制程193道工序，经过锻压成型的工艺、8次CNC数控机床加工打磨而成。在向用户普及工业加工知识的同时，引爆了"工匠精神"这一概念。

第三章 找准企业的DNA：小米的DNA就是互联网DNA

小米手机4 金属边框
如婴儿皮肤一样的触感

在移动互联网时代，信息传播的速度比任何时候都更快，加之信息泛滥，要想让用户记住自己的信息，最稳妥的办法就是玩概念，将产品概念与互联网上最热门的信息结合起来，如此才能让更多的人记住自己的产品信息。

正是因为雷军总能棋高一着，把概念玩到最高境界，使小米产品在众多竞争对手中独树一帜，才最终成就了小米传奇。如果你也想让自己的企业在众多竞争对手中脱颖而出，首先要为自己的企业争取一些互联网DNA，让自己能够像小米一样玩转互联网"概念股"。

第四章

用户体验至上：
没有完美体验，用户凭什么钟情你

移动互联网时代，市场竞争比以往更加激烈，消费者的选择范围也更加宽广。企业的竞争力也由产品至上转变为产品和用户体验双重至上。企业如果无法为消费者提供完美的体验，仅仅提供完美的产品，那么竞争力依然会大打折扣。

口／碑／化：小米为什么能成功

互联网思维就是给用户最棒的体验

《哈佛商业评论》一书中写过一篇标题叫"传统营销已死"的文章，文章的大意是，在移动互联网时代，必须用新的思维来进行营销，这种新的思维就是互联网思维。因为在这个人手一部或两部手机的时代，传统的营销手段比如传统的广告宣传、公共关系、品牌管理、企业传媒等都不再起作用。也就是说，当初无往不胜的传统的营销架构，如今只剩下一个没有灵魂的躯壳了。移动互联网时代的到来，终结了这一切曾经的辉煌。

无论是人还是企业，都应该紧随时代潮流，这样才会避免被淘汰。传统思维时代，企业靠传统思维就可以活下去，但到了移动互联网时代，企业只有转化思维，运用互联网思维，才是最明智的选择。如果企业还用传统思维进行生产经营，无疑是死路一条。

诺基亚，作为手机行业曾经的大哥大，创造了很多纪录和奇迹，它曾经雄霸世界手机市场。"你每眨一下眼，全世界就卖出4部诺基亚手机"，这一句流行语，就是对诺基亚在手机行业的霸主地位最好的阐述。没有人想到诺基亚会有衰败的那一天，更没有人想到诺基亚会在转眼之间就一败涂地。

第四章 用户体验至上：没有完美体验，用户凭什么钟情你

从2007年苹果手机问世开始，全球智能手机大热，一时之间，全世界范围内掀起智能手机制造热潮。苹果、三星、小米、华为荣耀、酷派等等国内外知名手机品牌，以大数据为依托，不断开发用户需求，不断精益产品创新，在手机外观和内容设计方面都做出了巨大突破，取得了不少市场份额。

可这段时间，诺基亚依然固守着功能手机的市场，而没有对数据业务和智能化提起足够的重视。诚然，诺基亚手机的质量是数一数二的，耐摔、经用，一部诺基亚手机用上三五年是很普通的事。诺基亚天真地认为，自己的质量这么好，用户自然不会抛弃自己，也就是说，诺基亚将质量至上当成了自己唯一的砝码。

殊不知，那时候用户已经不再满足一部质量过硬的手机，用户更希望自己的手机有更多的功能，更完美的使用体验。所以，当以苹果为首的智能手机问世，用户便不假思索地抛弃了诺基亚，开始选用能给自己提供更好的体验的智能机。

从此，诺基亚开始在全球范围内疲态尽显，即便后来从噩梦中醒悟过来，但为时已晚，跟不上时代发展的诺基亚，最终沦落为时代发展的垫脚石，于2013年9月2日被微软收购。至此，尘埃落定，诺基亚帝国不复存在。

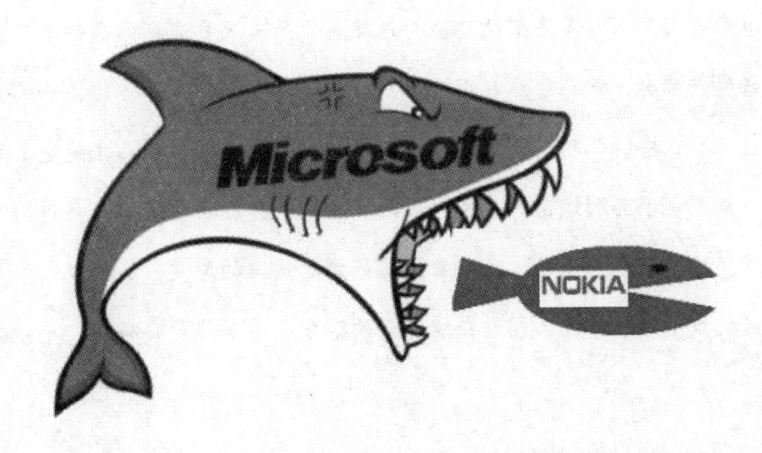

口／碑／化： 小米为什么能成功

优胜劣汰，物竞天择，这是市场生存的准则，也是每个时代的生存法则。忽视时代发展的趋势，必然就会遭到趋势的惩罚。2013年到2014年，短短一年时间，零售行业出现了一波又一波的关店歇业潮，安踏、李宁、361°、特步、匹克、中国动向等等运动品牌专营店，关店数量已经超过3000家。

移动互联网时代，企业的运营思维必须要变，因为用户的思维已经改变了，以往那些仅仅靠着过硬的产品质量就可以横行市场的时代一去不复返。给用户最棒的体验，这是互联网思维的核心之一。最好的企业必定是懂得运用互联网思维的企业，因为只有懂得运用互联网思维，才能和用户无缝对接，生产出急用户之所急，想用户之所想的产品。

前些年，《福布斯》杂志网络版一位署名斯科特·古德森（Scott Goodson）的人曾发表过一篇文章，文中指出了这样一点，苹果之所以会成功，消费者对它的忠诚起着非常关键的作用。的确，全球"果粉"，对待苹果出品具有我们无法想象的宽容，比如有消费者抨击苹果价位高，"果粉"就会回应说"价位高是因为产品技术过硬，质量好，值这个价"，有消费者批评苹果耗流量，"果粉"就会说"耗流量是因为你开的应用多，玩的时间长"。

消费者为什么对苹果如此忠诚？这就是史蒂夫·乔布斯的高明之处。因为他在研发产品时，就已经站在用户的角度去追求最棒的产品体验，产品如果不能让自己有很棒的体验，那么就不达标。直到自己满意，产品才能走上市场。如此一来，当产品到达用户手中时，用户得到的体验自然是出乎意料的。

苹果给了用户最棒的体验，自然就得到了用户的厚爱。从苹果一代开始，乔布斯就成了苹果的代名词。在消费者的眼中，苹果就是乔布斯，乔布斯就是苹果。

第四章 用户体验至上：没有完美体验，用户凭什么钟情你

```
        感官体验
           1
           ↓
   5 ←————————→ 2  情感体验
关联体验   用户
           体验
           ↑
     4         3   思考体验
   行为体验
```

如今雷军也具备这样的实力，在粉丝眼中，小米就是雷军，雷军就是小米。鉴于雷军和乔布斯所展现出的相同魅力，粉丝们把雷军称为雷布斯。

小米从诞生到现在，5年的时间里没有一次能满足市场需求，这绝对是当今市场上的一桩"怪事"。每次买小米产品，都必须在互联网上抢购，一连抢了好几次都抢不到的人比比皆是，但这依然无法阻挡人们对小米的热爱。

为什么会出现这种现象，就是因为小米能带给用户最棒的体验，能让用户尖叫。所以，不管小米生产什么样的产品，都会有一大群粉丝进行疯抢。因为在粉丝心中，小米就是最佳体验的代名词，从不会让他们失望。

2013年，在小米路由器还没有开始公测时，预约的场面就十分火爆，很快就超过了50万人，于是小米只好提前将预约渠道关闭，因为小米首批路由器才仅仅只有500台。就算是只有50万人，中签比也是低得让人咂舌的1比1000，何况预约的人数比50万要多很多。当时北京机动车摇号的中签比是1比94.5，很多人都在感叹摇不到号。

如果和小米路由器比一下，就会发现这个概率一点都不小。按照这样的比例，买个小米路由器比中大奖还难，运气差的人想都别想了，根本买不到，预约也只不过是凑凑热闹，仅此而已。

米粉们对小米产品的狂热程度确实令人感到吃惊，要知道，小米路由器虽然对外公布了，但是官网上并没有说它多少钱，也没有将它的配置参数说出来，仅仅表示这是一个土豪级的东西，而人们所能看到的只是它的外观。即便如此，在短短八天的时间里，就吸引了超过50万的粉丝，小米的魅力可见一斑。

无疑，雷军是个非常厉害的企业家，他仅仅通过给用户提供最棒的体验这一招，就将粉丝的情感牢牢绑定在小米产品上。如此一来，不仅可以提高消费者的信任度，还可以打造品牌价值。

雷军把最优化的用户体验定位为小米产品的研发方向，这就注定了小米永远不会缺少粉丝和顾客，这也助推小米走得更远。

第四章 用户体验至上：没有完美体验，用户凭什么钟情你

产品，至关重要的体验门户

什么是用户体验，可以用奇虎360的创始人周鸿祎曾举过的一个例子来说明："假如华夏银行请我吃饭，我打开一瓶矿泉水，一喝，它确实是矿泉水，这不叫体验。只有把一个东西做到极致，超出预期才叫体验。比如，有人递过来一个矿泉水瓶子，我一喝里面全是50度的茅台——这个就超出我的体验。然后，我作为用户就会到处去讲'我到哪儿吃饭，我以为是矿泉水，结果里面全是茅台'。这种远超客户预期的体验才叫做体验，才有其价值。"

完美的体验，就是要超乎用户的想象。只有超乎了用户的想象，用户才会对你印象深刻，并最终与你建立起情感。要想超乎用户想象，产品就成了至关重要的体验门户。

用户体验是一种纯主观的感觉，它发生在用户接触产品之后，完美的用户体验，应该是用户使用产品的过程中，自始至终都感觉到"痛快"。

举个例子，2G时代，人们无线上网往往会遭遇信号不稳定、流量耗费较大等等不痛快的情形，但随着无线光纤覆盖率越来越广，3G、4G网络的普及，人们无线上网变得越来越痛快，越来越便捷，相比于2G时代，3G、4G时代的用户体验显然就要完美得多。

口／碑／化： 小米为什么能成功

小米公司在发布小米2S手机时，市场上的大多数高端智能手机都选用的是1300万像素，虽然1300万像素的摄像头只比800万像素的摄像头贵几美元，但雷军并不去追求这种虚高的像素，他的理由很简单，那种1300万像素的相机不稳定，会影响到拍摄的质量。就因为对质量的执着追求，雷军选择了800万像素的摄像头，虽然这好像失去了竞争力，但却是对产品、对消费者负责的表现。

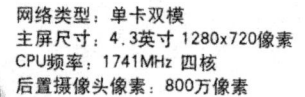

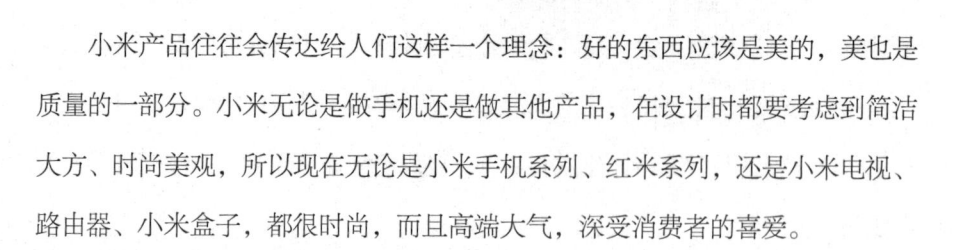

小米产品往往会传达给人们这样一个理念：好的东西应该是美的，美也是质量的一部分。小米无论是做手机还是做其他产品，在设计时都要考虑到简洁大方、时尚美观，所以现在无论是小米手机系列、红米系列，还是小米电视、路由器、小米盒子，都很时尚，而且高端大气，深受消费者的喜爱。

小米联合创始人刘德在一次会议上介绍过，小米内部在对产品进行规划时，往往会参考三个标准：对于某个设计，若有存在的价值则"加正值"，可有可无则"不加不减"，可能产生负面影响则"加负值"。

也就是说，在对一件产品进行深入分析之后，"负值"的设计会被毫不留情地砍掉，"不加不减"的设计也会被迅速抹去，最终，只保留那些真正有价

第四章 用户体验至上：没有完美体验，用户凭什么钟情你

值的、有存在必要的设计，以求把每件产品都打磨到最佳的状态。

参照着这样标准，小米每一代产品，都还原了产品最终的本源，紧紧追逐着用户的需求，从而创造出了国内的"苹果效应"。如今，小米这一用户体验至上的互联网思维，已经被越来越多的企业接受并大力倡导。

在移动互联网渐成主流的情势下，上网不够快，上网资费高，移动上网经常断线等问题就成了用户最厌恶的事情，而奇虎360抓住这一时机，及时发布了360随身WiFi，理所当然地取得了空前的成功。这一事件犹如一枚重磅炸弹，在移动互联网市场引起了巨大的反响。

360随身WiFi发布半个月后，在京东商城首次公开发售，短短一小时两万台产品就被抢购一空。从2013年7月初到8月底，360总共进行了五轮发售，共售出随身WiFi72.2万台，几乎每一轮都是瞬间售罄。

360随身WiFi之所以如此受欢迎，是因为它给用户提供最棒的体验，这款

产品帮助用户切实解决了很多问题。360随身WiFi体积轻巧，价格便宜，即插即用，简单易行，用户不用担心设置问题。只要有一台联网的电脑，随身WiFi就能发挥出用武之地。而反观传统的路由器，在使用过程中需要插上网线，占用空间，看起来很不美观，需要设置诸多选项，让没有经过专业训练的人望而生畏，这些问题无疑会大大降低用户的体验，让用户心生不满。所以，360随身WiFi受到用户热捧，丝毫不奇怪。

如今，市场环境已经越来越艰难，各行各业的从业者都是有增无减，如何在激烈的市场竞争中突围，成了摆在各大企业面前最大的难题。价格战、补贴战都已经弱爆了，真正能够拉拢客户，赢得客户的战术，是用完美的产品给予用户完美的体验。

任何企业，只要能够严把产品关，将产品做到极致，通过产品大幅提高用户体验，就一定可以拉近用户和产品之间的距离，让他们对企业或者品牌产生情感，最终成为企业发展品牌建设的忠实力量。

第四章 用户体验至上：没有完美体验，用户凭什么钟情你

不是你做了什么，而是用户感受到了什么

移动互联网时代，互联网思维已经成为一种制胜的武器，企业如果不运用互联网思维，就会处处跟不上时代发展的步伐。用户思维作为互联网思维的核心之一，注定了企业在运用互联网思维过程不可或缺的重要性。

用户思维就是从品牌运用到企业经营，一切都要以用户为中心。用户思维的本质就是，用户感受到了什么，而非企业做了什么。一旦本末倒置，企业就会陷入寸步难行的泥潭。

用户思维的三个法则

Who	What	How
Who 目标用户是谁：市场定位	What 目标用户要什么：品牌和产品规划	How 如何满足目标用户需求：提升用户体验感

口 / 碑 / 化：小米为什么能成功

移动互联网时代的到来，让人人都成了自媒体，这就促使信息生产和传播方式发生了根本性的变化，制造和传播信息的，不再是公共媒体或者一小撮人，每个人都是信息的原产地。信息的传播方向也不再是一点对多点的单项传播，而是变成多点对多点的多向传播。

也就是说，在移动互联网时代，在整个信息产生和传播的过程中，人已经取代了信息，成为这张大网的核心。用户一旦认定某个企业的品牌和产品，他们不仅会多次光顾企业的生意，还会通过微信、微博、Facebook、Twitter等各种社交媒体分享他们的感动、体验和情感。

所以，只有让用户满意，用户才会将企业的"好"传播出去；同理，如果不能让用户满意，用户就会将企业的"坏"传播出去。企业要想有好的出路，就应该改变过往的战略，将自己做了什么这一战略方向，转变为用户感受到了什么这一战略方向。

以小米客服为例，我们就可以清晰地感受到小米不同于一般企业的地方。一般企业做客服，看重的都是制度和KPI绩效考核，比如传统的客服重视接通率之类的数据指标。此外，传统客服在工作时间安排方面也非常不妥。当用户上班的时候他们上班，但这个时候用户当然不方便打电话，然而当用户下班想打个电话的时候，他们可能也下班了，这就给用户造成了很大的麻烦。用户会感觉这个企业特别霸道，想要得到他们的服务，就必须牺牲自己的一些利益，或者是浪费自己上班的宝贵时间来打这个电话。

小米客服完全是另一回事，它会主动找客户，而不是让客户找自己。为了让喜欢上网的年轻人在享受服务的时候有更好的体验感，小米创建了一个7×24小时的在线服务平台，随时都可以在网上为用户解答问题。

第四章 用户体验至上：没有完美体验，用户凭什么钟情你

小米一开始是在MIUI论坛上给用户解决问题，那时候小米的员工还不多，所以雷军就动员全体人员，连创始人带工程师全都到论坛上给用户答疑。用户数量在不断增长，小米就在论坛上增加了专门负责处理问题的板块，对用户提出的每一个问题都认真解答。

到了2011年，小米的客服系统就已经很完善了，有在线客服系统和400电话客服系统。但是小米主动去找用户的客服理念一直让小米客服不断发展，在各个平台上都有它的身影。从微博到微信再到百度知道和百度贴吧，哪里有用户，哪里就有小米的客服。

很多在网上咨询问题的人可能都遇到过这样的情况，自己提问的问题等了很久都没有得到答复，客服人员对此给出的解释可能是咨询的人太多，他们

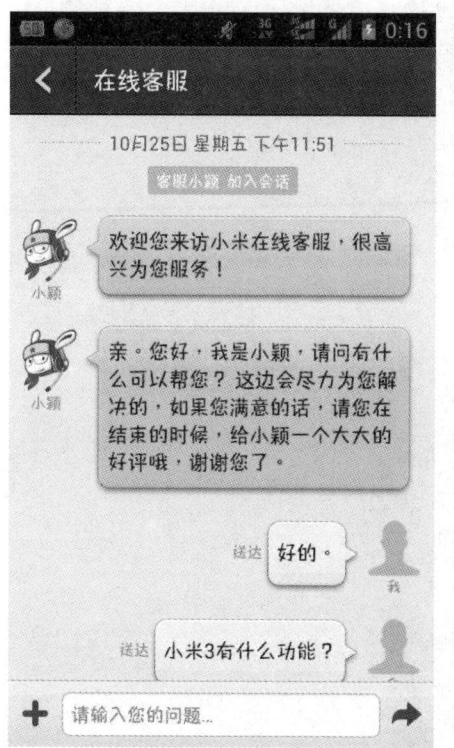

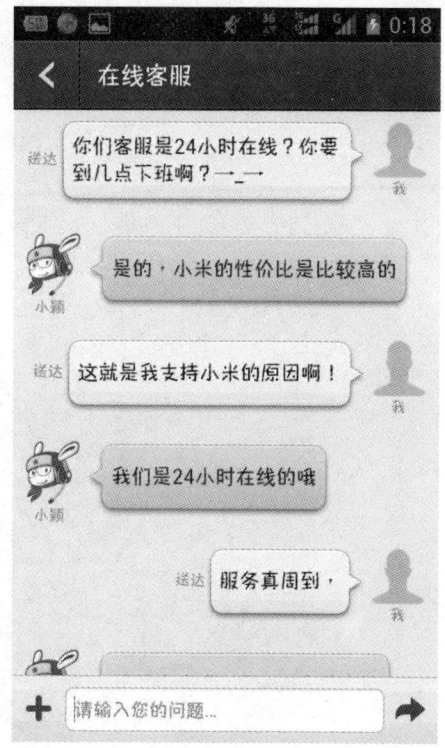

忙不过来。但是小米对这个反应时间看得非常重要，反应时间一定要尽可能的短，不然用户的体验会非常差。所以小米一直在努力让自己的反应变得更快，在微博上响应的时间由以前的30分钟缩短到后来的15分钟，这些变化都能让用户感受到小米的诚意。

从成立到成为中国手机行业的霸主，小米公司仅仅用了4年的时间，却取得了让许多老牌手机生产企业无法超越的成绩，它靠的就是深入、透彻地运用用户思维，始终以用户感受为生产经营的方向。其实，不仅仅是小米，任何企业，只要能有这种思维，并切实执行，都可以取得很理想的效果。

总之，在这个讲究体验感和满意度的时代，企业如果只有战略目标已经远远不够，必须要有完美的产品，绝佳的体验，才能吸引住用户，才能统治市场。当企业为客户提供的产品或者服务总能超出客户预期，引发客户尖叫时，企业的品牌就会响亮、高大起来。

第四章　用户体验至上：没有完美体验，用户凭什么钟情你

不要把自己当生产者，要把自己当做顾客

早在2011年的互联网大会上，雷军就说过："竞争的目的不是你死我活，而是要给用户更好的体验。我们首先要做的是用心做产品，把心思放在产品和用户那里，用户才会支持和拥戴你。"雷军是这样说的，也是这样做的。他通过把自己当成顾客这一理念，巧妙地达到了这一目的。

无论是在小米公司内部，还是在业界内，所有人都说雷军是小米产品的首席体验官，是小米产品的第一个顾客。而这也正是雷军乐意看到的。因为他一直主张在小米公司内部实行"生产者不要把自己当生产者，要把自己当顾客"这样一种与同行迥异的理念。

小米3的手机盒在设计的过程中经过了很多次改进，设计者们不厌其烦，连最微小的细节也都注意到，为的就是把这个包装的质量做到完美，增强用户的体验感。他们深信，设计的每一个细微的变化，都能给用户体验带来翻天覆地的改变。

为了让包装盒的边缘棱角分明，小米特地定制了国外的高档纯木浆牛皮纸，这样在加工的时候就会有更好的效果。选择好了原材料，工程师还要对它

口 / 碑 / 化： 小米为什么能成功

进行更为细致的加工。如果将包装盒的表层揭开，就能看到纸张背面的折角处用机器十分精细地打磨出了12条细槽线，这样做的目的是使折角成为完美的90°。说起来简单，但做起来可不容易，因为一张牛皮纸只有零点几毫米厚。由此可见，小米的工作人员多么用心。

不仅是棱角，为了使这个包装更加坚固，在使用时也方便，工程师们一遍又一遍地做着实验。设计团队花了6个月的漫长时间，前后修改过30多种结构，光是做出的样品就有1万多个，最终才确定了下来。

一般厂家做包装盒的成本只有2~3元人民币，但小米的包装盒成本却接近10元人民币。为了追求质量，就算成本再高，小米也在所不惜。

其实，只要我们留意小米产品的生产和研发过程，就会发现小米在这一方面竭尽全力。比如，为了测试小米3的高灵敏触摸屏的敏感性，小米的产品团队从市场上买回来包含各种薄厚度和材质的手套去一遍遍实验；比如，为了凸

第四章 用户体验至上：没有完美体验，用户凭什么钟情你

显小米电视的外观色彩设计，曾是资深摄影爱好者的小米副总裁想出了一个办法：将发布会的体验区专门进行了装潢，按照不同的场景设计出8种色调，以让用户有身临其境之感。

把自己当成顾客，才能真实地体会到顾客想要什么，希望产品得到什么样的标准，希望产品能给自己带来什么样的体验。如果不站在顾客的角度思考，一味站在生产者的角度思考，那么就很容易陷入误区，致使生产出来的产品难以满足顾客的体验。

纵观世界上那些知名企业，无一不遵守"生产者不要把自己当生产者，要把自己当顾客"这一理念。乔布斯带领苹果重返世界巅峰前，曾制定了以下几个原则：第一，一定不要浪费用户的时间，如巨慢无比的启动程序，如让用户一次次在超过50个内容的下拉框里选择；第二，一定不要总是说"我觉得"，不要打扰和强迫用户；第三，一定不要提出"这个用户怎么会这样"的怀疑；第四，一定要明白你的产品是什么样的用户群在使用；第五，一定要去尝试接触你的用户，了解他们的特征和行为习惯等。

这些原则一确立，苹果公司上下都严格按照这些原则行事，最终成功地打造出了让世界疯狂的苹果手机。

也正是因为有苹果手机这个珠玉在前，小米的成功备受争议。很多人都说小米是在模仿苹果，无论是产品设计还是管理理念上，都和苹果非常相似。其实，要说模仿，苹果同样存在模仿嫌疑，因为乔布斯制定的这些原则，很多都和谷歌十诫非常相似。谷歌作为世界上最伟大的互联网公司，它的成功，取决于它超前的战略眼光和卓越的管理理念。

谷歌十诫

1. 一切以用户为中心
2. 把一件事做到极致
3. 快比慢好
4. 网络社会需要民主
5. 不一定要在桌子前找答案
6. 不做坏事也能赚钱
7. 未知的信息总是存在的
8. 对信息的需求无所不在
9. 不穿西装也可以严肃认真
10. 仅有优秀是远远不够的

哪里有需求,哪里就有机遇。而这些需求,往往需要用心去捕捉。抓住了,就是一次飞跃性的进步;抓不住,则很可能沦落到被淘汰的队伍里。所以,不要总是盲目地去猜测顾客的心理,而要真正地站在顾客的角度、立场,将自己化身为一名准客户,这样才能准确抓住顾客的真实需求,进而为顾客打造出拥有良好体验的产品。

第四章 用户体验至上：没有完美体验，用户凭什么钟情你

跟海底捞学做服务

在这个高速发展的移动互联网时代，企业发展的方向越来越细，且竞争越来越激烈，这就为消费者提供了更多的选择，而随着选择的增多，消费者的地位也越来越高。所以他们在选择产品的时候，不仅仅局限在对产品本身的挑剔上，服务体系的完善程度也会作为他们进行选择的依据。

也就是说，用户体验不单单是由产品优劣决定的，服务也是决定用户体验的关键因素。产品很优秀，但服务质量低下，同样会影响到用户体验。只有产品和服务同样上乘，才能切实提升用户体验。

海底捞是我国餐饮业的巨头，也是以优质的服务进行口碑营销的翘楚。在海底捞就餐，你总是能够发现意想不到的惊喜：戴眼镜吃火锅容易有雾气，他们会提供给你擦眼镜的绒布；长头发的女生，他们会提供给你发圈；手机放在桌上容易脏，他们会给你专门包手机的手机套；当你在餐厅等位时，可以享受擦鞋、修指甲，以及上网、下象棋、打扑克等多种免费服务……海底捞的老顾客去吃火锅，服务员发现他感冒了，会偷偷跑出去帮他买药。

当你风尘仆仆进店之时，会有人帮你擦鞋，当你在餐厅等位时，会有人帮

口 / 碑 / 化： 小米为什么能成功

你修指甲，当你第二次到店就餐时服务员就能叫出你的名字，甚至当出租车司机把客人送到海底捞门前时，也会收到店内服务员送出的茶点和饮料。

一位客户到海底捞就餐，看等位的人多，就问服务员，火锅店附近有没有理发店，她要去洗个头发。服务员不仅告诉了这位客户哪里有理发店，还把她送了过去。服务员回店没多长时间，天下雨了，服务员怕客户做好头发后淋雨，就又给客户送去了一把伞。

这样的事情发生在你身上，你会不会感动？会不会向你的亲朋好友宣传海底捞？答案不言而喻。

正是这种热情周到，超越用户预期的"变态"服务，为客户提供了完美的体验，为海底捞赢得了一桌又一桌忠实的顾客。即便是在三伏天，依然会有大批客户去海底捞消费。只要你走进海底捞，就会看到有很多客户宁愿等一两个小时也要在海底捞就餐的情景，以往那种"三伏天没人吃火锅"的认知也会在这里被颠覆。

第四章 用户体验至上：没有完美体验，用户凭什么钟情你

所以雷军明确提出了小米要跟着海底捞学做服务。

完善的服务体系为消费者权益提供保障的同时，也为企业创造了竞争的资本。这正是雷军在海底捞学到的管理理念。所以他极力推崇极致的服务，我们在前面讲到的小米客服，就是最好的见证。

服务作为决定用户体验的关键因素，企业绝不能忽略这一方面。企业只有把服务作为产品的一种延伸，为消费者提供优良的产品和完善的服务，才可以提升企业在消费者心中的品牌形象。

在产品日益同质化的今天，将企业的品牌形象植入产品的服务当中，得到消费者认可的唯一方法，就是尽可能为消费者提供周到甚至超预期的服务，将服务作为企业与消费者之间的沟通纽带。当有一天，企业发现用户对自己提供的服务非常满意时，那么企业就已经成功了一半。

第五章

> 做出让用户尖叫的产品：
> 不做中国苹果，要做世界小米

产品，作为企业的核心竞争力，只有达到让用户尖叫的水准，才能在市场上占据一席之地。小米之所以敢喊出"不做中国苹果，要做世界小米"的口号，就在于它对产品的高度自信。任何企业，要想成功，首先就得像小米一样，制造出能够让用户尖叫的产品。

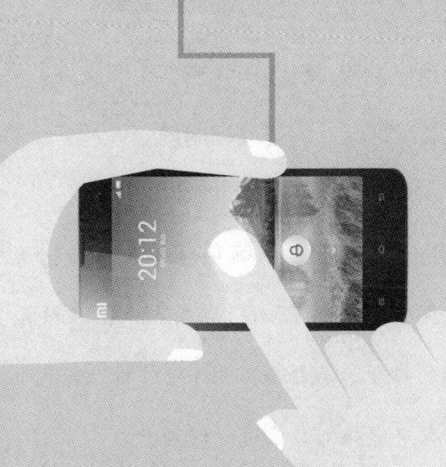

口 / 碑 / 化：小米为什么能成功

最好的产品就是能让用户尖叫的产品

正如"幸福的家庭都是相似的，不幸的家庭各有各的不幸"一样，失败的企业各有各的不幸，成功的企业却是相似的。我们仔细对比当下那些成功的企业，他们无不是通过产品打天下的。他们利用能让用户尖叫的产品，在很短的时间内就占据了市场主导权和话语权，从而奠定了自己的胜利者地位。

比如如今已经深受用户喜爱的1898咖啡馆、人人贷、众筹网、融360、众安保险、阿里小贷、京东供应链金融、余额宝、微信红包、百度钱包等产品，无一不是如此。

产品要让用户尖叫，已经成为当下企业家谈论产品时的一句口头禅。就连有着中国创业教父之称、阿里巴巴的创始人马云也不例外。

2014年5月9日，阿里巴巴集团董事长马云出席了集团举办的一次集体婚礼，并为婚礼现场的102对新人做证婚人。他在婚礼上对这102对新人说："今天是个非常好的日子，我很荣幸给102对新人证婚。在这里首先要恭喜大家在全世界70多亿人口中找到自己唯一的用户。"

说到这里，马云话锋一转，对所有新郎说："各位小伙子，阿里巴巴集团

第五章 做出让用户尖叫的产品：不做中国苹果，要做世界小米

第一个产品，也是最重要的产品是人。作为我们的产品，你们要服务得好，要用心去服务所有的新娘，同时也要记住现在最流行的一句话：产品要让用户尖叫，你们准备好了没有？"

话音刚落，就迎来了一阵热烈的掌声。

移动互联网时代，是个产品为王的时代，产品作为企业的核心竞争力，唯有让用户尖叫，才能赢得用户的心，才是最好的产品。做不到这一点，就很难在产品迅速迭代的时代立足。小米的成功，就是因为将"让用户尖叫"作为小米产品的营销战略。

2013年，互联网上有一个无厘头段子突然火了起来，被很多朋友转发和评论。这个段子是关于小米公司的CEO雷军在中国2013年中国互联网大会高层年会上与虎嗅网创始人李岷的对话：

李岷：雷总谈谈红米会不会对小米品牌造成负面影响？

雷军：我们不考虑，我们只专心做出让用户尖叫的产品。

李岷：雷总谈谈小米构建的铁人三项。

雷军：三项啊，我们只专心做出让用户尖叫的产品。

李岷：雷总谈谈小米的生态系统。

雷军：生态？我们只专心做出让用户尖叫的产品。

李岷：雷总谈谈对当下移动互联网的看法。

雷军：这个啊，我们只专心做出让用户尖叫的产品。

李岷：雷总对可穿戴设备有什么看法？

雷军：可穿戴啊？我们只专心做出让用户尖叫的产品。

李岷：雷总对改变世界怎么看？

雷军：不关心，我们只专心做出让用户尖叫的产品。

李岷：雷总……

雷军：呵呵，我们只专心做出让用户尖叫的产品。

李岷：啊啊啊啊啊啊啊啊啊啊啊啊啊啊啊啊啊啊（尖叫声）。

诚然，这个段子绝不是真实的，但其要突出的含义很明确，就是小米公司唯一的前进方向就是打造让用户尖叫的产品。而小米也确实是朝着这个方向前进的，并且取得了令人震惊的战绩。

雷军在一次媒体采访过程中发现消费者有一个亟待解决的需求，那就是手机录音时间太长就会自动中断，或者有电话打进来时就会打断录音，而很多媒体从业者在采访时都会借助手机的录音功能，这就给他们的采访工作造成了很大的困扰。

发现了用户这个痛点后，雷军在MIUI V5的开发过程中，做了MIUI系统中录音机的产品经理，亲自参与设计了MIUI V5的录音机功能，成功解决了这一问题，受到了用户尤其是媒体从业者的广泛好评。

MIUI V5的录音机功能非常强大，系统在进行录音时，手机会自动静音，除电话和闹钟，其他声音都不会响起。录音时遇到电话和短信不会打断，能够完成7天（168小时）的连续录音，直接存储为MP3格式。

要知道，即便是世界第一的苹果手机，在录音超过168小时后保存即崩溃，有来电时便无法继续录音，突然关机时文件无法自动保存。MIUI V5系统中出现的明显改观，再度提升了用户对小米产品的信心。

第五章 做出让用户尖叫的产品：不做中国苹果，要做世界小米

小米之所以能在成立不到五年的时间里成为中国手机行业的巨头，最关键的是因为其总能推出让用户尖叫的产品，无论是手机、路由器，还是智能手环、电视、家装，小米总能出乎粉丝的意料，让他们对小米产品爱不释手、疯狂抢购，并因此笼络了上百万的忠实粉丝，为小米帝国的建立奠定了坚实的基础。

当然，产品要让用户尖叫并非每个企业都可以做到，但企业家、管理者、个人需要记住的是，即便自己一时达不到这个目标，也一定要有这种信念，这样才能具有前进的动力，使企业或者自己在竞争的市场走得更远。

低价格高配置，做性价比最高的产品

在小米手机上市之前，我国手机市场主要分为两种阵营，一种是高价格高性能，比如苹果、三星；另一种是低价格普通性能，比如中华酷联（中兴、华为、酷派、联想的缩写）。作为后来者加外来者的小米，要想在巨头林立、竞争激烈的手机市场上占有一席之地，就必须有颠覆性的产品。

具体如何做呢？雷军在创办小米公司前，就已经有了明确的思路，首先要把小米办成一家互联网公司，其次在硬件产品方面不挣钱。由于小米只在互联网上卖手机，这样就可以减少门店和渠道成本，拉低价格。

当小米1面世时，中国大地上立刻就刮起了"小米风暴"。因为当时手机市场上还尚未完全智能化，而小米1就赫然搭载了主频为1.5GHz的双核处理器，运行内存高达1GB，配备了4英寸的夏普触摸屏以及800万像素的摄像头，电池容量高达1930毫安。很多人本以为这款手机价格至少也要在3000以上时，小米官方公布价格为1999元，顿时让很多人怦然心动。要知道，当时同样性能的手机价格都在四五千元。

第五章 做出让用户尖叫的产品：不做中国苹果，要做世界小米

自此，小米一战成名。在随后的几年中，小米一直延续着高性价比的风格。并逐渐被粉丝们冠上了高性价比的代名词。很多用过小米手机的人，都会这样评价小米——性价比很高。你只要随便拿出一款小米产品和市场上的同类产品做一个比较，就可以得出这样的结论。

我们以小米2S为例。小米2S手机搭载高通骁龙600的处理器，16G内存，800万像素，这样的硬件配置，小米只售1699元，不到同类手机产品价格的一半。大众都能接受的价格，高端智能机的性能，这样的手机一经推出，怎么可能不受到欢迎？

再以小米电视2升级版为例。2015年3月19日，小米电视2升级版40英寸电

口 / 碑 / 化： 小米为什么能成功

视正式发布：原装夏普SDP 1080P屏，四核处理器MStar 6A908、H.265硬解码、杜比+DTS音效、USB3.0蓝牙4.0双频WiFi，内容最强24万小时GITV海量正版内容，售价1999，3月31日首次开卖。

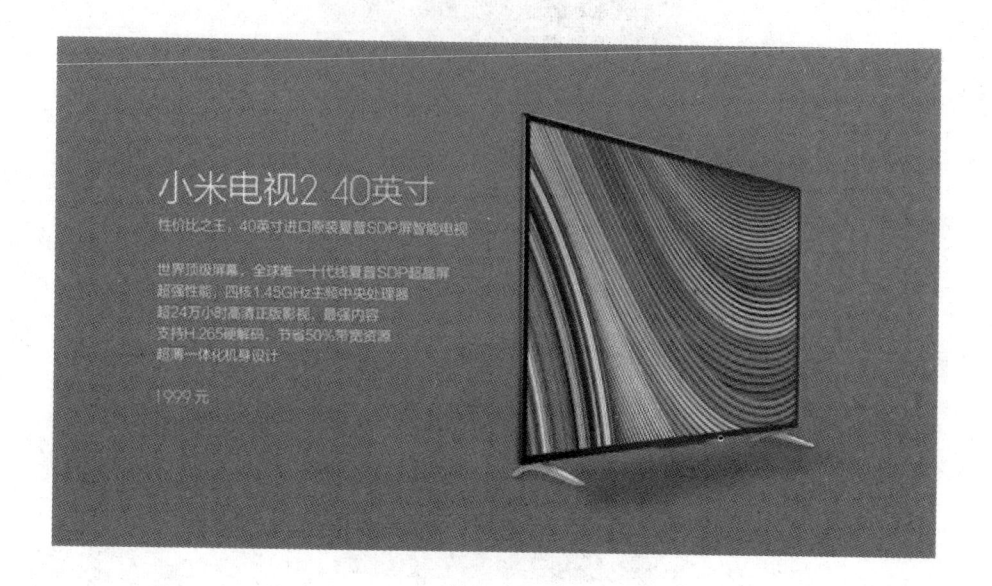

对一款性能高端的产品来讲，价位越低无疑就意味着利润空间越小，这也就会导致小米在后续的市场运作中没有太多回旋的余地，也很有可能无法承担产品一旦出现问题所产生的大规模维修风险。但即便如此，小米还是选择了低价路线，选择用低价高端的产品俘获用户的忠心。

在这样的情况下，对小米而言，想要继续发展，长久在市场立足，那就只有一条路，那就是做到极致，让产品尽量不出问题，让用户无可挑剔，让对手永远摸不清自己的底牌。而小米也确实做到了这一点，众所周知，小米产品的返修率非常低，不到2%，而市场上的智能手机返修率在4%~5%。这就是小米的底气所在。

那么，小米既然不靠硬件赚钱，又是如何保证企业营收的呢？雷军非常聪明，他把互联网思维运用到了极致，其中一种思维就是羊毛可以出在狗身上。他不通过硬件赚钱，他将赚钱的方向转移到小米手机的附近和周边产品来赚钱。比如小米开发出了耳机、音箱、后盖、贴纸、挂饰、手机支架、耳机绕线器等一系列附件，还开发出了小米帽子、小米T恤、存储卡、读卡器、品牌动漫形象衍生品等一系列周边产品，这些都保证了小米公司的利润。

高性价比的产品是让用户尖叫的重要砝码之一，能做到这一点的企业，在营销上就已经成功了一半。但要做到这一点，还需要企业进行不懈的努力，善于运用互联网思维，小米就是通过这种方式建立的小米模式。

小米的厉害之处也在于此，它有忠实而又庞大的粉丝群体，加之产品性价比很高，能带给用户惊艳的感觉，能创造任何一款产品在几分钟内销售几十万台的销售奇迹。所以，它的模式不容易被复制，所以，它才能喊出"不做中国苹果，要做世界小米"的口号。

跟同仁堂学做产品

任何时代,产品和服务都是企业竞争的核心要素。产品做不好、服务跟不上,那么这家企业就很难拥有强大的竞争力,更难以赢得用户的忠诚。

雷军在创建小米之初,就决意要将小米打造成优秀产品与完美服务兼备的互联网企业。为了实现这一目标,雷军开始向知名企业学习。与向海底捞学做服务的做法一样,小米在做产品方面选择的榜样同样是中国企业界的顶级企业——同仁堂。

2014年,雷军受邀在联想集团内部做了一次演讲,在演讲过程中,他明确提到了小米是跟着同仁堂学做产品的。下面提供一些他的演讲原稿(由于篇幅有限,在原意不变的基础上做了一些删减):

在研究同仁堂的时候,我发现同仁堂最重要的是其司训:"品味虽贵必不敢减物力,炮制虽繁必不敢省人工",意即做产品,材料即便贵也要用最好的,过程虽繁琐也不能偷懒。换句话说,要真材实料。设想一下,假如大家都这么做,那我们的社会还会有毒大米、三聚氰胺、雾霾吗?

但这个事说起来简单,做起来是很难的。所以同仁堂的老祖宗又讲了第二

第五章 做出让用户尖叫的产品：不做中国苹果，要做世界小米

句话："修合无人见，存心有天知。"你做的一切，只有你自己的良心和老天知道。这一句话，是关于怎么保证第一句话被执行的。

这让我很受震动。我就在想，为什么我们改革开放30多年来，中国在全球的观念里，就是生产劣质产品的地方呢？有时候大家开玩笑说，我们中国人太聪明。其实就是喜欢走捷径，喜欢偷工减料，才让大家有这样的印象。如果我们想基业常青，那就得真材实料，而要想坚持下去，就要把真材实料变成信仰。

我认为要基业常青，就要做到两条：第一真材实料，第二对得起良心。

口／碑／化： 小米为什么能成功

我干小米时就想走一条不同的路：我们做产品的材料，要全部用全球最好的。夸张地说，我们"只买贵的，不买对的"，贵的肯定是有道理的。对于一个从零创办的公司而言，这是非常不容易的，因为这意味着我们的成本比别人高了一大截。但我们还是这样做了，处理器用高通，屏幕是夏普，最后组装也找全球最大的平台——富士康。

我们的每一款手机，哪怕是只卖599元的红米4G，也都用国内顶尖的供应商。而且为了把手机做好，我们每年只出一两款手机。到今天为止，四年半只做了六款手机。并且我保证，每一款手机都是我自己用过半年或者一年的。我知道这个手机好在什么地方，我也知道它不好在什么地方。

在整个演讲中，雷军都在突出了一个主题，要极尽所能地做好产品，这样才能有好口碑，而口碑是信仰的一部分。雷军是一位受人尊重的企业家，原因就在于他言行如一，以身践行。他不仅是在嘴上说要注重产品品质，在实际行动中他也是这样做的。靠着这种理念，小米公司的每一款产品都能比用户想象的更好，并受到用户的疯狂抢购。

向更优秀的企业学习，这是企业走向成功的捷径。对于初创企业来说，很多时候并没有明确的产品理念，不懂得如何才能完善产品，或者是前期制订的产品理念在实际生产中行不通，这些都是初创企业发展缓慢的原因。

其实，好产品都是有共通性的，比如说，它们在产品理念上都遵循精益求精这个原则。就拿同仁堂和苹果来说，前者有着340年品牌历史的企业，经历了数不清的磨难、各种朝代的变迁以及时代背景的风云变幻，但它始终不改初心，依然在制作产品时遵循"品味虽贵必不敢减物力，炮制虽繁必不敢省人工"这种原则，自己的产品也始终受到消费者的喜爱。

第五章　做出让用户尖叫的产品：不做中国苹果，要做世界小米

后者虽然崛起的时间不长，但它完全是依靠产品的魅力登上成功巅峰的，没有苹果前CEO乔布斯和现任CEO库克对苹果产品的极致追求，就不会有如今的"苹果热"现象。

无疑，小米的选择是非常明智的，它选择了同仁堂，就提升了自身产品的品位。并且它确实学到了同仁堂关于产品理念的精髓，也就是货真价实。靠着货真价实这一理念做指导，小米终于完成了从屌丝到高富帅的逆袭之路。

口 / 碑 / 化： 小米为什么能成功

让你的产品乖乖替你说话

雷军代表小米公司喊出"不做中国苹果，要做世界小米"这句大气磅礴的口号时，内心无疑是心潮澎湃、慷慨激昂的。这是一个非常远大的志向，苹果作为当今世界手机行业的领导者，它的实力可见一斑。要想与其比肩而立，甚至是超越它，其间的艰难可想而知。

但是，世间没有什么事情是不可能的，更何况，市场上没有永远的老大。当年手机行业的巨头诺基亚，不是也被三星超越了吗？后来三星又被更具创新精神的苹果所超越。江山轮流坐，今天到我家。说的就是这个道理。

小米要想实现这个目标，也是有一定的可能性的。尤其是对于雷军而言，实现这个目标是他最大的梦想。所以，他一定会通过不懈的努力和坚持来实现这个梦想。

雷军是个非常有智慧的企业家，他明白成功不是靠口号和铺天盖地的宣传取得的，而是靠产品来说话的。好的产品才能带来好的口碑，这正是互联网思维的核心之一。所以，雷军在宣传上，更多是靠产品说话的。

不过，要想让产品乖乖为小米公司说话，也不是那么容易的。它首先需要小米产品能够带给用户惊喜，带给用户全新的体验，这样小米产品才会富有说

第五章 做出让用户尖叫的产品：不做中国苹果，要做世界小米

话、代言的魔力。为了达到这一要求，雷军带领小米团队的所有成员开始了一场望不到尽头的死磕之旅，和所有的问题与不足死磕。

小米刚开始的时候没有几个人知道，这个公司究竟怎么样，人们心里也没底，很多人甚至觉得小米不过是众多山寨公司中的一员，生产的产品自然是垃圾产品。如何突破众人对小米公司的偏见呢？很多人建议雷军多做广告，多做宣传，来给消费者洗脑，改变他们对小米的错误看法。

不过雷军并没有这样做，他采用了非常简单的方法，就是用产品说话，这样一来可以体现他对小米产品的自信，二来可以让消费者对小米记忆深刻，何乐而不为？于是，在一次小米手机发布会上，雷军在众目睽睽之下，把小米手机拿出来，直接扔在地上。当时的地面是大理石的，雷军的个子也不低，但手机掉在地上后，拿起来依然可以开关机，其他功能同样可以正常使用。从那以后，业界对小米是山寨手机的质疑声音便逐渐减弱了。

在移动互联网时代，信息的传播速度已经达到了前所未有的程度，一切都不再是秘密，自己所买的产品是

怎样的，消费者心里特别清楚。靠质量不好的产品打广告蒙混过关这种低劣手段变得越来越不可行，只有完美的产品才是硬道理。因为在移动互联网时代，完美的产品就是最好的广告和代言。

不仅仅是硬件，小米在软件方面的产品也是精益求精，死磕每一个细节性的问题。雷军在生活中发现人们漏接电话的事情时有发生，很多人因为漏接了一次电话，失去了一次机会，这让大家非常苦恼。比如说一家公司因为突发状况，需要临时更改会议地点，当用电话通知与会人员时，一位与会人员由于正处于比较嘈杂的环境中，并没有听到电话响。结果错过了会议，导致合作破裂。

对于用户的这一痛点，MIUI系统进行了重点改善。当手机铃声响起后，如果30秒内无人接听，到30秒的时候，铃声音量会自动放大。而拿起手机后，铃声音量又会自动变小。这一改进，让人们对小米的好感大增。

其实，此类事情在小米产品研发过程中比比皆是。

比如针对不该接的电话，小米做了非常微妙的分类，所有陌生的电话都会被MIUI系统"净化"。MIUI系统中的防打扰功能会过滤到"响一声"的吸费电话，对于有些推销电话，MIUI系统会做出相关标注，如"该号码已被34000用户标记为推销电话"，以便用户决定是否拒绝。

比如小米在壁纸上近乎"变态"的苛刻选择。在2014年4月9日的米粉节上，雷军当场宣布愿意出100万元征集一张手机壁纸。该活动于2014年6月3日正式启动，不到100天的时间总共收到了3万多张参赛作品。经过一个月的紧张评审，第一名诞生了，作品为《山水楼》。

第五章 做出让用户尖叫的产品：不做中国苹果，要做世界小米

为了达到让产品形成良好的口碑效应，让产品为企业代言，从硬件到软件，从手机到周边产品，小米都用自己超一流的产品，最人性化的服务，和令人意想不到的低价，让用户不断尖叫。纵观小米的整个发展历程，你就会发现什么是工匠思维、极致思维，这些都在小米的死磕之旅中被体现得淋漓尽致。

如今，小米已经成功进入了全球7大市场，美国和印度也在其中。2015年2月，小米公司还提出了扩大美国业务范围的计划，不过主要业务并不是小米手机，而是零配件。小米的种种举动，给所有手机巨头带来了重重压力，即便是强大的苹果也不例外。并且，已经有越来越多的人认为，小米是苹果未来几年的最大对手。看来，雷军曾经说过的"在10年内力争全球第一"的豪言壮语并非率性而为。

雷军在2015年3月初的第十二届全国人民代表大会上曾明确表示,当下手机互联网市场正在飞速发展,IT技术的迅速转型意味着中国企业将会迎来众多美好的机遇。要想坐上这个风口,抓住这次机遇,首先要有过硬的产品质量,要依靠产品使消费者信服。言辞中用产品说话的意味相当坚定。

如果小米能一直坚持目前的互联网思维,坚持做完美产品的工匠之心,那么在不远的将来,它极有可能为中国代言,成为世界小米,和苹果并肩而立,甚至是超越苹果。

第六章

重新定义营销：
小米用互联网思维改造传统营销

移动互联网时代，是一个打破传统，不按常规出牌的时代。只有出奇、创新，才能制胜。这就需要企业需要用全新的理念、思维来定义一切规则。就像小米那样，通过对营销的全新定义，找出一种威力更加强大的营销模式，从而如虎添翼，为自己的迅速壮大奠定了坚实的根基。

首发+期货让小米轻装上阵

2012年的时候，小米开始进入高速发展期，到了2013年，小米在市场上掀起的小米热潮，已经证明了小米的成功。从那时候起，小米开始被业内广泛认可，小米帝国蔚然成型。小米模式也被众人津津乐道。

那么，小米模式到底是什么模式呢？业内人士将其定义为"首发+期货"模式。

首发 ⇄ 小米模式 ⇄ 期货

首发，就是抢首发。

抢首发是非常考验一个企业的实力的，只有具备相当的实力，才能走在竞争对手前面。也就是说，企业要率先制作出硬件和软件都是最新，技术也最先进的产品来。高端的产品想做世界级的首发是件很难的事情，没有过硬的技术是做不了的。

第六章 重新定义营销：小米用互联网思维改造传统营销

抢首发有两个方面要注意，一个是要抢在其他企业之前，如果你的团队费尽辛苦研发的首发产品却被其他商家给率先推出了，那么先机已失，销量自然成了问题。第二方面则是宣传要到位，既然是全球首发，就一定要进行造势，让尽可能多的人知道你的产品是首发，这样才能获得理想的营销成果。

比如小米2S推出时，就受到业界内外的广泛认可。因为小米2S是全球首家采用高通APQ8064四核1.5GHz处理器，4.3英寸IPS超高PPI精度视网膜屏，并且拥有全新一代背照式800万像素CMOS摄像头。只有具备全球最好的硬件和顶级配置，才能算得上真正的全球首发。而小米当之无愧。

2014年6月，中国台湾PChome宣布与小米合作推出红米Note（增强版），该企业旗下的PChome24h购物平台成为台湾第一家小米官方授权贩卖小米手机的电子商务平台。鉴于是第一次合作，红米Note限量只有10000部，整个售卖模式完全参照小米平时采用的首发模式。6月27日中午12：00正式开卖，一秒钟就被卖光了。

同年8月，小米公司的新产品红米手机在QQ空间进行首发。8月12日中午12点正式开始抢购，首发的10万台红米手机在九十秒内被抢购一空。更令人震惊的是，此次预约红米手机的用户在不到两周的时间内就超过了745万人次，再次刷新了小米手机的历史纪录。

小米产品销售火爆的事迹比比皆是，几乎都能达到秒光的惊人效果。这些无疑有力地证明了小米首发模式的无穷威力。

另外，预定和首发的概念是完全不同的，企业在自己的网站上发布产品叫预定，即预约购买。企业在大型电商平台上发布产品才叫首发。小米在自己的

口／碑／化： 小米为什么能成功

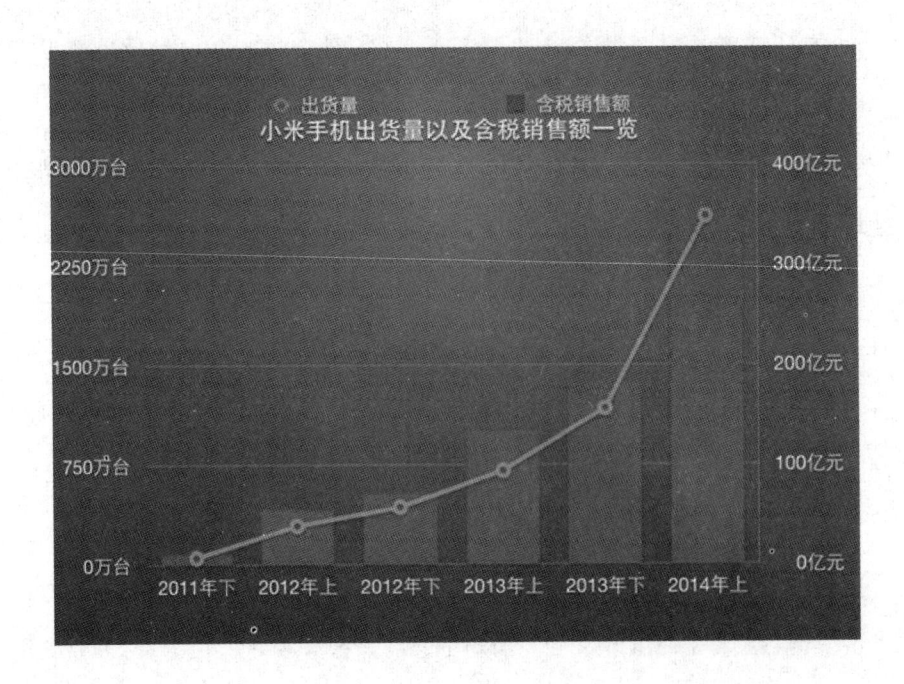

小米手机出货量以及含税销售额一览
○ 出货量　■ 含税销售额

（图表数据：2011年下 至 2014年上，出货量由0万台增长至接近3000万台，含税销售额由0亿元增长至约350亿元）

官网上进行售卖，严格意义上并不能称为首发。而其在京东、QQ空间等平台上售卖，才算首发。

小米的首发模式，像一股极其强大的新生力量，改变了手机行业营销方式。自从小米的产品红米和红米Note开始在QQ空间首发后，其他对手也开始争相效仿。比如继小米之后的乐视、酷派也开始在QQ空间进行新品首发，天猫、京东这些大型电商平台也开始争取手机巨头在自己的平台上进行新品首发。

不过，首发的营销战果最辉煌的，还是要属小米。这是因为小米有积极强大和稳定的粉丝群以及良好的口碑。

移动互联网时代，是个流量为王的时代，流量就是销量，流量越大，销量就越大。这正是小米做首发的重要原因。因为那些首发平台，都是流量非常大的平台，平台上有数百万，数千万甚至过亿的用户，这些用户都是营销的目

第六章　重新定义营销：小米用互联网思维改造传统营销

标，里面潜藏着大量的准客户。

小米通过首发模式，就可以在最短的时间内让最多的人认识到自己的产品，并以最快的速度将产品销售出去。可以说，首发模式是继团购模式后的又一次营销革命。

其次，是期货模式。

小米每次推出的新产品，都是限量供应，这样造成的直接结果就是营造出了供不应求的场面。很多人说这是雷军的一种营销策略，故意吊大众胃口，因此便给小米冠上了期货模式的头衔，言外之意颇有指责、不满的意味。

其实，这并非雷军故意而为之。这样做是为了给小米瘦身，以便能让小米轻装上阵。要知道，对于任何企业来说，库存都是一个极大的包袱，它会严重拖累企业的发展速度。并且还会占用相当大的一部分资金。加之雷军一直把小米公司定位为轻资产公司，所以决定采用和传统思维完全不同的互联网思维来做事。

让用户先预定，再依据订单生产，如此一来就可以保证零库存，这无疑可以大大减轻小米的运营费用，并且不会产生任何货物积压的风险。

再则，由于小米采用的是首发模式，性价比又很高，硬件几乎不赚钱，所以小米一开始只能先发售一定量的产品，一来是为了保证自己的首发地位，二来是为了降低产品成本。

在手机行业，硬件有这样一个规律，硬件成本会随着时间的推移而降低。也就是说，刚开始一个硬件的成本是100元，但两个月后，随着科技更加成熟，生产效率提高，硬件的成本就会降低到80元，如此一来就可以降低整部手机的生产成本。这就是摩尔定律的具体体现形式。所以，小米采用期货模式，一部分意图是降低成本，获得利润。

口 / 碑 / 化：小米为什么能成功

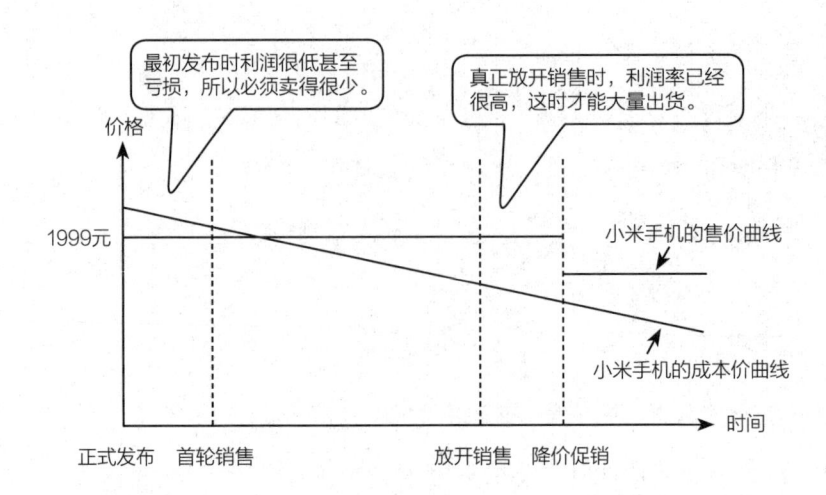

价格

最初发布时利润很低甚至亏损，所以必须卖得很少。

真正放开销售时，利润率已经很高，这时才能大量出货。

1999元

小米手机的售价曲线

小米手机的成本价曲线

时间

正式发布　首轮销售　　　　放开销售　降价促销

首发+期货，相当于小米帝国的倚天屠龙剑，有了这两把利器，小米就可以甩掉很多不必要的包袱，轻车简行。

面对业内人士对小米成功秘诀的探讨时，雷军说："小米模式无法复制。"诚然，任何模式都是可以复制的，但成功是无法复制的。对于一家企业来说，要成功，除了具备正确的模式外，还要具备一定的机遇。顺势而为才能成功。

小米之所以能够成功，是因为当台风来临前，其正好站在了台风口处。雷军有一句名言，叫做"站在台风口，猪也能飞上天"。小米的成功无法复制的原因就在于此。2012年，中国智能手机市场开始爆发，正好经过2011年的发展，小米在智能手机行业已经具备了一定的实力，所以，在占尽天时地利的关口，实现100%的增长并不难。

而如今智能手机高速发展的时代已经过去，该行业正迈入一种比较稳定的发展态势，竞争格局基本上已经固定，很难再出现颠覆性的产品或企业，加之这个领域是个马太效应尽显的领域，所以一般企业很难模仿小米并取得成功。

小米的差异化营销战略

不到五年时间,成为世界手机销量排名第三的巨头,小米帝国造就的奇迹让世界瞩目,令所有对手战栗。小米的成功靠的是什么?众说纷纭。但是,大家一致认同的是,小米的差异化营销战略,为小米帝国的崛起奠定了坚实的基础。

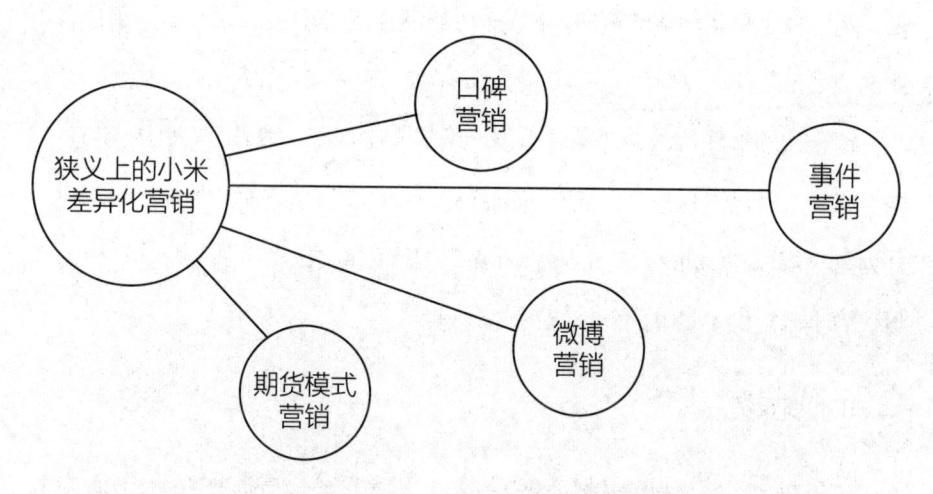

```
        口碑
        营销
                        事件
狭义上的小米             营销
差异化营销
                微博
                营销
    期货模式
     营销
```

差异化营销战略,是指企业采用了一系列不同于其他竞争对手的战略,从而使企业的产品、服务、形象等别具风格和特点,为企业战胜其他竞争对手创造了很多优势。

口 / 碑 / 化： 小米为什么能成功

纵观小米的差异化营销战略，主要表现在4个方面：

1.口碑营销

小米产品的高性价比是其被众人热捧的原因之一，凡是使用过小米产品的人，都能获得很好的体验。小米正是通过这一点，牢牢抓住了用户的心，让用户心甘情愿地成为自己的推销员，为自己做宣传。如此一来，不仅节省了一大笔广告费，还通过口碑营销中特有的情感效应，让自己的产品更容易被众人接受。

2.事件营销

小米产品最大的代言人非雷军莫属。每一次雷军的出现，都会成为热点新闻，甚至成为各大网站的头条。无疑，在众人的眼里，雷军就是小米，小米就是雷军。雷军每次制造的事件，都会和小米联系起来，与其说是雷军事件，不如说是小米事件。

每一次的事件营销，都是对小米产品的一次推广。尤其是在2015年3月美国出版的《时代周刊》上，竟然有一篇文章专门撰写了雷军和他的小米手机，并为雷军冠以"China's phone king（中国手机之王）"的称号，这一事件再次为小米提供了足够的营销噱头。

3.微博营销

可以说，小米是微博营销的集大成者。小米利用微博营销的模式引起了整个销售行业的争相效仿，凡是具备微博营销条件的企业，几乎都模仿了这种模式。

小米公司是从做系统起步的，随着系统的成熟，然后发展到做手机硬件。也就是说，小米在做手机之前，已经靠自己的MIUI系统网罗了一大批用户，而这些用户都是小米手机的潜在客户。

所以，小米在制造手机时，就通过微博、论坛等渠道让这些潜在用户参与到手机制造过程中，为小米手机提供各种建议或创意，并通过制造各种和小米手机有关的话题，让这些用户在微博中传播。由于当时微博是中国使用人数最多的社交工具之一，所以就为小米的微博营销创造了种种绝佳的机会，并一举获得了成功。

4.期货模式营销

小米采用的期货营销模式，让很多想买小米手机的用户买不到手机，极大

口 / 碑 / 化： 小米为什么能成功

地激起了消费者的逆反心理，买不到我偏要买，那些在小米官网上一连多次抢不到小米手机的人比比皆是，但依然对小米手机热情不减。当然，这种类似于苹果的饥饿营销模式，都是以让消费者膜拜的产品为前提的，没有让消费者喜爱的产品，这种模式无疑相当于自杀。

而纵观其他企业的营销模式，更可以衬托出小米差异化营销战略的优势。传统企业在进行营销时，往往采用的是户外广告、报纸杂志广告、电视宣传、广播宣传、发传单等比较常见的营销模式，小米的标新立异，为其占领国内市场提供了众多先机。

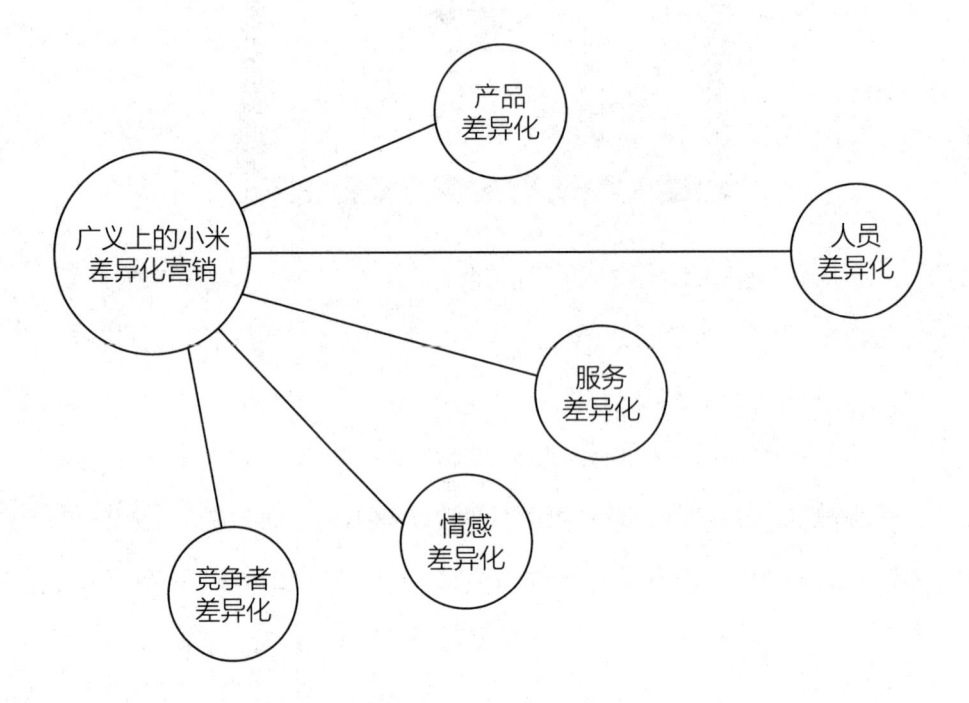

```
                产品
                差异化

广义上的小米                         人员
差异化营销                          差异化

                服务
                差异化

       情感
       差异化
 竞争者
 差异化
```

其实，营销不单单是指销售渠道、销售方式这些方面，它是一个涵盖范围很广的概念，尤其是在移动互联网时代，产品是营销，服务是营销，人员素质也是营销，情感同样是营销。也就是说，各个方面都可能是营销的一部分，因

第六章 重新定义营销：小米用互联网思维改造传统营销

为这些方面都会直接影响到营销成果。

小米作为手机行业的黑马，互联网江湖中的新贵，正是靠着无孔不入的差异化营销战略，让自己占尽先机，不断成长。下面我们来看看小米采取的其他差异化营销战略。

1.产品差异化营销

产品作为一家企业的安身立命之本，只有被消费者接受，这家企业才能生存下来，小米在这方面做得非常棒。小米手机的高性价比是其区别于其他竞争对手的主要特征，小米手机的性能向高端机看齐，但小米手机的价格却向中低端看齐，加上小米手机选用的自主开发的MIUI系统的优良特性，这些都极其明显地将小米产品与其他产品区别开来，并让小米产品鹤立鸡群。

2.人员差异化营销

人员差异化从小米公司的创始人身上就可以看出来，小米公司是7个联合创始人创办的，分别来自金山、微软、谷歌、摩托罗拉等国内外知名IT企业，在技术上占尽优势。并且，小米公司的员工，大部分都是工作经验在十年以上的工程师，同时又招揽了一些刚刚大学毕业的年轻人，整个团队精诚合作，稳重成熟又不失活力，且大家都怀有"改变世界"的共同梦想，这和其他企业的人力资源部署有很大的区别。

3.服务差异化营销

移动互联网时代，服务即营销。小米无论是在互联网销售体系中，还是在售后服务体系中，抑或是与用户交流沟通的平台体系中，都力争把服务做到了极致化，让用户从服务中感受到小米带来的良好体验，这些都极大地提升了小米产品的营销成果。而反观其他企业，在服务过程中，无法做到小米这样的全面化和立体化。

4. 情感差异化营销

小米作为一家互联网公司，深知情感在营销过程中所发挥的重要作用。只有用户对产品、公司产生感情，他们才会对公司产生忠诚度。因此小米提出了"因为粉丝，所以小米"、"为发烧而生"这类口号，并付诸实践，最终感化了众多粉丝，让粉丝对小米产品产生疯狂的热爱，从而达到了提升业绩的目的。

5. 竞争者差异化营销

小米的铁人三项充分体现出它与竞争者的不同之处。以小米的手机与互联网服务这一组合来说，所有做软件系统的企业，在手机硬件制造方面都不是小米的对手，而所有制造手机硬件的企业，在软件系统方面也都不是小米的对手，因为小米在Android系统的基础上独立开发了更符合国人使用习惯的MIUI系统。这些特色综合起来，就使小米不同于其他竞争对手。

总之，差异化营销战略在任何时代都是一种营销利器，它不仅可以帮助企业避开竞争对手的锋芒，还可以将企业的优势最大限度地发挥出来，如此此消彼长，就极大地提升了企业的实力和竞争力。小米的成功，正是因为其悟透了这一点。

第六章 重新定义营销：小米用互联网思维改造传统营销

用饥渴营销制造热销效应

当一个人饿得快死时，即便给他一个干硬的窝窝头，他也会觉得这是一种美味。所以，很多聪明的企业家，便会借助人们的这种心理，将其运用到企业营销中，即饥渴营销。

从市场营销学的角度来说，饥渴营销是指供应方有意降低产品数量，进而营造出一种供不应求的现象，以带动消费者的购买热情，最终实现利润的增长。毕竟，在供不应求的市场上，下单速度慢的话，就意味着买不到自己想要的产品。

小米作为国内饥渴营销的集大成者，其实是借鉴苹果的营销模式。无论是从产品功能还是产品质量上来讲，苹果都是世界手机行业中的老大。想购买苹果手机的人自然大有人在，并且很多人把使用苹果手机当成一种品位象征。进而就造成了产品供不应求的现象，这种饥渴营销帮助苹果创造了种种销售神话。

小米开始采用饥渴营销后，雷军便被冠上了雷布斯的称号。不可否认，雷军无愧于雷布斯这个称号，因为他不仅利用"苹果模式"将饥渴营销的效用发挥到了极致，还在短短几年时间，就成功坐上中国手机霸主的位置。

口/碑/化：小米为什么能成功

小米手机从第一款产品就开始进行饥渴营销，到如今已经进行了多轮饥渴营销，且每轮都会在很短的时间内售罄。从刚开始的每天只接受1000台的预订，到如今可以在一秒钟内卖光十万台手机，小米创造的神话已经超越了苹果。这一成绩出乎任何人的意料，包括雷军在内。

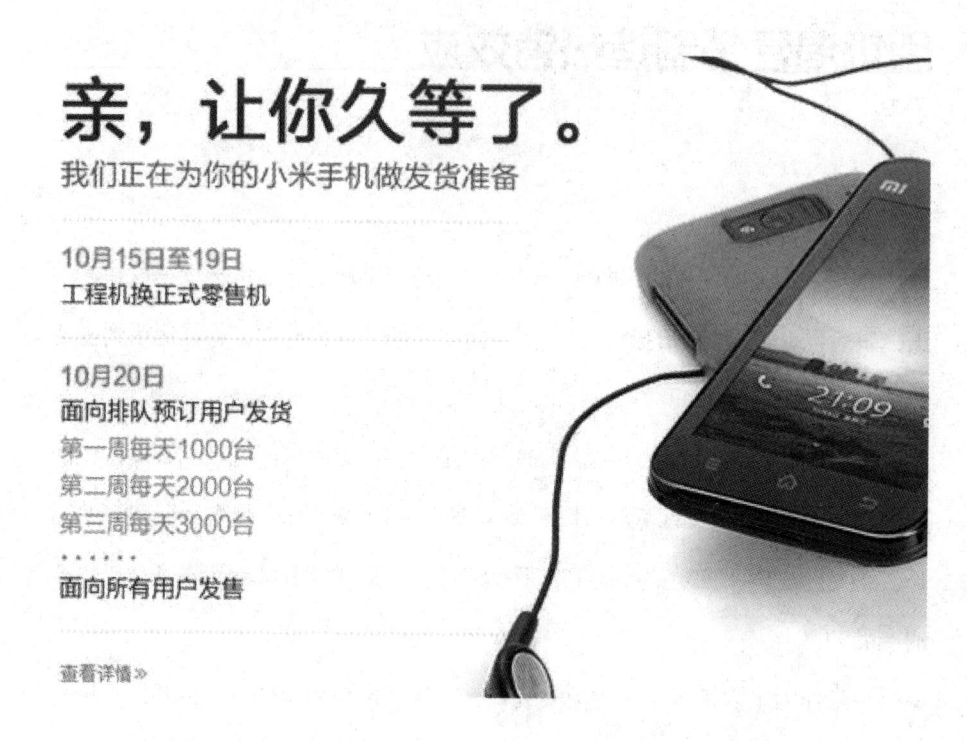

亲，让你久等了。
我们正在为你的小米手机做发货准备

10月15日至19日
工程机换正式零售机

10月20日
面向排队预订用户发货
第一周每天1000台
第二周每天2000台
第三周每天3000台
······
面向所有用户发售

查看详情》

所以雷军也经常在公众场合说，小米能发展到今天这一地步，是自己远远没有想到的。尤其是在起初进行饥饿营销时，数十万部手机可以在短短几个小时内被疯抢一空，远远超出了自己的预料。

了解营销学的人都看得出来，饥渴营销最大的优势就是创造出了热销效应，这种效应是一种潮流代表，追逐潮流是人的天性，这就进一步提高了人们对产品的注意力。在饥渴营销的作用下，很多人都会认为，能够在供不应求的

情势下买到一部小米手机，是一件非常自豪和酷的事情。

同时，热销效应还会给消费者带来一种无形的压力感和紧迫感，"如果下手迟了，就买不到了，所以一定要尽快下单"，这是很多米粉的心理写照，如此一来，只要是小米产品，小米粉丝就会不假思索地下单购买。小米也在潜移默化中成了用户崇拜的企业。

另一方面，小米通过饥渴营销创造的热销效应，常常会引起媒体的关注。媒体在关注的同时，必定会对这一现象进行报道，这再次提升了小米的知名度和公信力。

雷军在采用饥渴营销时，还有更深层次的考虑，就是我们前面讲过的期货模式，饥渴营销和期货模式中的摩尔定律之间存在着很多相关联系，只有把握好两者之间的平衡点，才能创造出最好的营销成果。

此外，饥渴营销也不是每个企业都可以运用的，更不是可以随意运用的。

首先，企业的产品必须具备一定的竞争力，能引起消费者的极大兴趣，才可以考虑是否使用饥渴营销。如果消费者对企业的产品不感冒，那么再使用饥渴营销就无济于事，因为消费者根本就不愿意购买。

其次，饥渴营销一定要把握好度。这个度，指的是间隔时间。饥渴营销的特色是每隔一段时间发起一轮预售。如果间隔时间过短，就起不到饥渴营销的效用，因为太短的时间无法营造出供不应求的现象，也难以吊起消费者的胃口；如果间隔的时间太长，这时候消费者已经彻底失去了等待的兴趣，当你开放预购时，消费者已经购买其他品牌的产品或者已经不愿意再购买你的产品了。所以，间隔时间一定要把握好。小米的每周二开启预售通道，就是很不错的参考。

总之，饥渴营销可以拉长一个产品的生命周期，但并非可以无限拉长。它需要在适当的时候结束，这样才能长期保持饥渴营销的魅力。当旧产品的生命周期结束时，必须要有新的产品来代替它。只有这样，才能塑造出品牌影响力。

痛点就是卖点

长期以来,小米公司的员工都坚持在产品第一线,通过各种各样的渠道收集用户的建议和使用感受,试图从中找到更多的突破点,以便在产品迭代中进一步完善,进而创造出让用户尖叫的产品。这些突破点,就是雷军经常说的痛点。

痛点是一个比较抽象的说法,但它很好理解。用互联网思维来说,用户的痛点就是其自身存在的问题,这些问题需要解决,但用户却解决不了。比如说,当一个人在加班的时候,他觉得很困,非常需要提神。这就是其痛点。如果这时候能够给他一杯咖啡,那无疑会让他尖叫。而这杯咖啡,就是卖点。并且对客户来说,就是最好的产品,因为他最急需这个。

当年脑白金风靡中国的保健品市场,就是因为史玉柱抓住了用户的痛点。脑白金还没有正式推出时,他就开始做市场调研。在调研过程中,他咨询过很多老人,问这些老人对于保健品的需求是什么。

这些老人回答的问题非常相似,主要集中在三点:第一,能够促进睡眠;第二,能够促进肠胃消化;第三,最好不用自己花钱。对于这三个需求中的前两个，当时国内的绝大部分保健品生产商都可以做到，并且他们也确实是把前两个当做用户痛点来做的。

唯独史玉柱把老人的第三个需求当做用户痛点来处理。于是，"今年过节不收礼，要收就收脑白金"这句广告语就成了当时媒体上最流行的话，很多晚辈在春节看望老人时，都把脑白金当做首选礼品。那一年，脑白金的销量笑傲群雄。

即便很多人指责脑白金的广告语很低俗甚至是恶俗，但不可否认的是，它确确实实抓住了用户的痛点。要知道，在营销学中，痛点也有可能是痒点，但不管是痛点还是痒点，只要抓住了，最直接的后果就是刺激了用户的兴奋点。有了兴奋点，也就有了消费点。

小米作为互联网企业，深谙互联网思维之道，痛点思维作为互联网思维中的一个分支，自然会被小米公司运用起来。小米手机做出的一系列微创新，就是帮助用户解决痛点，为小米产品寻找卖点的过程。

无论是我们前面讲到的小米研发出手电筒快捷键，还是MIUI系统对录音机功能的改善，都是通过用户痛点来挖掘新卖点的做法。而这种做法不仅促进小米不断地迭代，还促使小米产品不断地走向完美。

痛点就是需求，就是机遇，只有不断寻找用户的新痛点，才能促进产品越来越完美和具备竞争力。

用户的痛点很多，它不会集中于一方面，也许是产品外观，也许是产品技术，也许是服务模式，也许是产品供应时间，等等。但不管在哪方面，只要发现一个，解决一个，就可以不断提升产品品质，用户对产品的信赖感也会逐步增强。毕竟，当用户的痛点被解决时，用户就会尖叫，这就给产品创造出了核心竞争力。

而要找到痛点，必须深入产品一线，建立畅通的沟通渠道，和消费者实现无缝对接。如此才能在最短的时间内找到用户痛点，抢占营销先机。

口 / 碑 / 化：小米为什么能成功

口碑营销才是最佳营销

在世界上的互联网企业中，谷歌公司绝对是独树一帜的巨头，它的实力是很多企业难以望其项背的。任何成功的企业，都有其独特的制胜思维。谷歌公司在发展的过程中，始终坚定不移地执行着"以用户为中心"这一理念，在谷歌十诫中，第一条就是"以用户为中心，其他一切纷至沓来"。

其实，这种理念的内涵就是口碑效应。谷歌公司也一直把用户的口碑宣传当成最好的营销利器。

2004年，谷歌就通过用户口碑营销，成功地将新产品Gmail电子邮件推广了起来。起初，谷歌只提供了5000个左右的Gmail电子邮件试用账户，想要试用的人，必须通过其他人邀请才行。具体的做法就是，已经有Gmail电子邮件账户的人，发给还未拥有Gmail电子邮件试用账户的人一个邀请码，后者只有通过这个邀请码，才可以开通邮件账户。

由于朋友之间的口口相传，很多人都知道了谷歌公司推出了Gmail电子邮件试用账户，很多人都请求已经拥有Gmail电子邮件账户的亲人或朋友给自己一个邀请码。由于当时的邀请码数量非常有限，稀缺性导致其迅速在全国流行

第六章 重新定义营销：小米用互联网思维改造传统营销

起来，很多人为了得到一个邀请码，费尽了心思。

比如请朋友去度假，将珍贵的明信片送给朋友，甚至一个邀请码在英国网站上被卖到了75英镑的"天价"。这种强大的口碑效应，在很短的时间内就将Gmail电子邮件推广得无人不知，并迅速流行起来。

谷歌的成功，无疑可以给所有企业带来很好的榜样作用，它运用的各种思维，都是提升企业竞争力的有力武器。尤其是在移动互联网时代，各种社交软件工具让信息传播的速度快如闪电，信息也从以往的不对称转变为如今的对称，这一系列变化，让每个普通人都可以成为信息传播的节点，甚至是意见领袖。

所以，在这个时代，口碑营销是最好的营销方式，它可以在短时间内就形成极大的传播效应，并且宣传效果要好得多。

口碑从哪里来？

口 / 碑 / 化：小米为什么能成功

可信度高是口碑营销一个最重要的特征。口碑传播往往发生在同学、朋友、同事、亲戚等关系较为密切的圈子之间，在口碑传播之前，他们之间已经建立了一种长期稳定的关系。比纯粹的公关、广告、商家推荐、促销具有更高的可信度。

这个特征也是口碑传播的核心，通过这种相对简单奏效的"用户告诉用户"的方式增强消费者信任度明显胜过巨资投入公关活动、广告、促销活动来吸引潜在消费者。

比如说，一位朋友告诉你小米4手机很好用，你肯定会相信他的话，因为你觉得他是你的朋友，肯定不会骗你。而如果是你在电视上看到小米4手机的广告，你自然会持有怀疑心理，因为如今的人们都不是很相信传统媒体上的广告。所以，口碑营销的优势就体现在这一点上。

小米社区流量与同类厂商社区对比

	日发帖量	总帖	总用户数	alexa	上线日期
小米社区	25万	1.3亿	970万	3000	2011.8
魅族社区	2万	未公布	400万	4699	2006
OPPO社区	2万	800万	未公布	10万	2005
华为花粉社区	约3000	未公布	16万	11000	2011.9
联想乐社区	2000	71万	47万	41949	2011.7
步步高社区	1.8万	1208万	580万	20600	2008.3

这就是小米为什么总是强调用户体验感的原因。只有让用户有良好的体验

第六章　重新定义营销：小米用互联网思维改造传统营销

感，用户才会去宣传小米，小米采用的口碑营销才能奏效。

小米每推出一种产品，都把这种产品做得非常好，这和雷军采用口碑营销的思维分不开。小米开始做手机，从小米1到小米4，各个版本的旗舰机都综合了当前最先进的生产技术和最高端的硬件设备。雷军为了让小米手机的质量达到最理想的状态，小米的硬件供应商全都用苹果的供应商。

小米在质量好的同时，当然还有它独一无二的优势——价格低。好质量和低价格让小米产品成了国产手机中最符合消费者期待的国产手机，所以人们心甘情愿为小米埋单，为小米做宣传。

如今，已经有无数的事实证明口碑营销的威力。比如乔布斯推出的iPhone、iPad的崛起，海尔CEO张瑞敏砸冰箱的事件，2013年创造了中国票房奇迹的《泰囧》等，都证明了口碑营销的巨大影响力。

所以，在移动互联网时代，口碑营销才是王道。传统企业应该将营销重心从传统思维上转移到互联网思维上。只有用互联网思维去做营销，才能收到很好的营销效果。不过，企业在运用口碑营销这一新营销模式时，首先要打造出让用户喜爱和信赖的产品，这是最基本的前提。做不到这一点，口碑营销就难以成功。

口 / 碑 / 化：小米为什么能成功

小米的社会化营销就是做广告不花一分钱

移动互联网时代，一切皆有可能。

大家不妨问自己和周边人一个问题，能不能在为产品做广告营销的时候，将广告费尽量降低到零呢？这个问题在传统企业家心中，无异于天方夜谭。但是，在那些依靠互联网思维创业的管理者心中，却认为这是完全有可能的事情。

因为移动互联网时代，通过社会化营销，完全可以把广告费降到零。

2010年12月，小米准备为即将推出的小米手机做宣传，试图通过宣传造势让小米一炮打响，实现100万台的销售目标。当时小米联合创始人之一的黎万强负责营销工作。按照行业惯例，销售100万台手机，销售额约20亿（小米1定价1999元），那么营销费用大概为5000万元。

不过，黎万强考虑到小米还是起步阶段，尚未开始盈利，便将广告费压缩到了3000万元。当雷军听说了这件事后，对黎万强说："你做MIUI系统推广时，就没有花一分钱，所以做小米1推广时，也最好不要花一分钱。"

听了雷军的话，黎万强茅塞顿开。他决定再次利用自己做MIUI系统推广时采用的社会化营销方式，来为小米手机做宣传。

第六章 重新定义营销：小米用互联网思维改造传统营销

2011年，黎万强创建了小米论坛。论坛的核心板块包括资源下载、新手入门、小米学院、爆米花等。由于有MIUI系统的支持，小米论坛上的用户人数增长得非常快，很快就达到了百万级别，且活跃户人数非常可观。

小米论坛还有一个强大的线下组织——同城会。同城会里的成员都是小米论坛的用户，且在同一个城市，他们会不定期举办一些线下联谊活动。小米官方也每隔两周会在不同城市举办一次"小米同城会"。

同时，黎万强还帮小米开辟了第二阵地——微博。当时微博发展势头正猛，几乎所有人都在使用微博。黎万强果断开通了微博，并通过发图片、视频、事件营销等手段，吸引了大量粉丝。到2013年，小米手机加小米公司的微博粉丝有550万人，小米公司几位创始人员工的微博粉丝更是达到了770万人之多。

第三个宣传阵地是微信。小米通过一系列吸粉操作，很快就让小米微信粉丝数量达到了百万级。

有了这些社会化营销工具，再加上雷军是个话题人物，小米手机在发布时，只要在这些社交工具上一公布，再召开一个发布会，立马就会形成海陆空全方位的立体宣传效果，让成千上万的消费者知道小米要发布新产品了。

小米采用的社会化营销确实非常成功，它不仅为自己节省了大量的广告费，还取得了极高的关注度。虽然小米从不在媒体上做广告，但消费者对其的关注度一点也不亚于在媒体上做广告的苹果和三星。

黎万强曾经对各种社会化媒体的功能做过分类，他说："微博很适合做拉升，微信适合做一个客户平台，论坛是一个方便呈现品牌的场所，而QQ空间则适合做活动，小米在营销的过程中，根据需要会选择相应的社会化媒体进行营销。"

其实，小米在营销的过程中，采用的社会化媒体并非只有以上几种，凡是可能存在用户的社交平台，小米的身影都会出现，比如百度知道、百度贴吧、人人网等。小米这种极大降低广告预算的做法，无疑是值得大力学习的。

移动互联网时代，社会化媒体铺天盖地地产生，将人们带入了社交网络时代，企业如果还抱着传统思维征战市场，那么无疑会错失杀出重围的大好机会。企业如果能学习小米，将一些营销精力放在社会化媒体平台方面，这样不仅可以更好地发挥营销力量，还能节省营销预算，和用户展开交流互动。何乐而不为呢？

所以，在未来的很长一段时间内，小米的社会化营销手段，都可以作为其他企业学习的教科书。

第七章

> **单打独斗难成大事：**
> 小米要健全链条覆盖的移动互联商业帝国

移动互联网时代，只有通过紧密协作，创造出一个能够"打群架"的战略联盟，才能具备一定的竞争力。小米公司在四年多的时间里，从一家创业公司成长到估值达450亿美元的明星公司，就是靠着不断建立生态链，寻找志同道合的战略合作伙伴，从而达到了提升自己竞争力的目的。小米帝国的根基，就是靠所有战略合作伙伴支撑的。

口 / 碑 / 化：小米为什么能成功

小米通过米联建立互联生态圈

首先需要科普一下的是，米联不是一款软件。起初，很多小米粉丝、消费者都以为米联是小米公司推出的一款软件，所以都在软件下载页面搜索米联，结果自然无功而返。

米联是小米公司基于MIUI系统自主研发的一种数字设备互联功能，相当于将手机上的数字媒体内容，无线投送到电视上播放的解决方案。

米联的具体功能，百度百科上是这样写的：米联旨在解决安卓手机（使用MIUI系统）、iPhone、iPad以及个人电脑上的视频、图片、音乐内容，通过无线连接的方式与电视互联互通。确保小米盒子与用户的终端设备处于同一个局域网环境中。

也就是说，通过使用米联这一功能，我们可以将终端设备上的各种文件与电视实现互联互通。即终端设备上的图片、音乐、视频以及在线观看的视频都可以在电视屏幕上播放。

米联的功能非常强大，在支持MIUI系统的同时，对于苹果Airplay、

第七章 单打独斗难成大事：小米要健全链条覆盖的移动互联商业帝国

DLNA和Miracast等系统也能够相互兼容。

要想实现米联功能，就必须有小米盒子。小米盒子是不同设备之间互联的中间载体。

米联作为一种兼容的互联标准方案,是小米公司"重构一个数字设备互联的生态圈"这一战略理念的具体体现。

雷军在小米刚刚站稳脚跟,还未奠定巨头地位的情况下,就迫不及待地研发出米联功能,主要有以下两方面的原因:

1.提高产品销量

要想使用米联,首先就要拥有一些软件或设备,比如MIUI系统、小米盒子、小米路由器等。一旦选择了这些软件或设备,小米的市场份额就会大大提升。虽然目前小米手机销售很不错,但和苹果、三星这些巨头相比,小米的产品销量还是不够理想。并且,苹果、三星早已开发出了这方面的功能。小米只能通过此举,进入新的竞争领域,一来可以增加产品销量,二来可以让更多的消费者认识到小米这个品牌。

2.增强市场话语权

移动互联网时代,互联生态圈是未来几年的发展方向,谁可以建立互联生态圈,谁就可以大大提升自己的市场话语权。比如说,阿里巴巴建立了自己的阿里小贷平台,京东建立了自己供应链金融平台,这样就可以使自己处于利益链条中的最顶端,巩固市场话语权。而小米如果也能建立自己的生态圈,那么就可以和苹果、三星这样的巨头分庭抗礼。

移动互联网时代,是个平台为王的时代,这一时代最具备竞争力的就是生态圈模式。只有建立一个自己主导的、以自己为中心的生态圈,才能从根本上提升竞争力。如果始终停留在一个狭小的领域,是非常危险的。这是一个大规模跨界打劫的时代,停留的领域越是狭小,越是容易被跨界进来的对手打劫,

第七章 单打独斗难成大事：小米要健全链条覆盖的移动互联商业帝国

并且自己连还手的能力都没有。

所以，在移动互联网主导的时代，企业应该像小米一样，未雨绸缪，不要把目光局限于一点，要有宽阔的视野和长远的战略眼光，如此才能在竞争中立于不败之地。

口 / 碑 / 化：小米为什么能成功

环环相扣的小米生态圈

小米生态圈的建立，一直被业内人士看做是一个奇迹。因为小米凭借的只是一款手机。用业界人士的话来说就是："现在互联网中，有阿里生态圈，有基于QQ、微信的腾讯生态圈，而小米凭借一款手机也打造了一个小米生态圈。为什么其他行业就不能建立一种生态圈呢？"

言外之意很明确，小米生态圈的建立，给业内人士带来了极大的震撼和启发。因此相对于其他生态圈，小米生态圈更受关注。

那么，小米生态圈到底是什么样的呢？如下图所示。

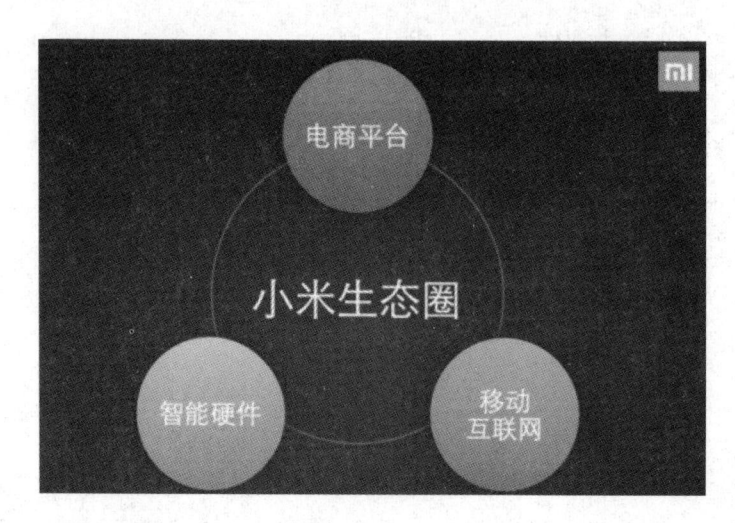

第七章　单打独斗难成大事：小米要健全链条覆盖的移动互联商业帝国

1.电商平台

如今，小米官网已经是继天猫、京东之后的中国第三大电商平台，这一成绩出乎了所有人的意料，用震惊不已来形容一点都不过分。因为小米只用了不到五年时间，就不动声色地实现了这一众多企业梦寐以求的目标。

要知道，就连腾讯这个超级巨头都没有实现这个目标。腾讯旗下的拍拍网多年来一直朝着这个目标迈进，但最终仍逃脱不了折戟沉沙的命运，只能将其打包送给京东。

小米的电商平台不仅仅只卖小米手机，它卖的东西多种多样。除了我们目前已经知道的电源、电视、耳机、路由器等产品外，还有很多其他硬件周边产品。未来，小米还会生产出具有创新性的硬件，并全部在小米电商平台上销售。

小米联合创始人洪峰早在MIIC2014·极客公园公开课上就讲过，小米生态圈里投资的一家耳机厂，在2013年一年就在小米官网上卖出了400多万只耳机；投资的一家移动电源生产商更传奇，这家厂商成立还不到一年，由于和小米公司共同生产移动电源，并依靠小米官网进行销售，到2014年年底，极有可能成为中国销售量最大的移动电源厂商，到2015年年底，极有可能成为全世界销量最大的移动电源厂商。

洪峰的这些话，都有力地证明了小米电商平台的强大威力。不过，虽然小米的电商平台已经非常成功，但按照雷军的意思来说，这还不是终极状态，充其量只能算是测试版。因为小米手机在官网上每一次开放购买时，都会产生流量峰值，这些峰值测试出了小米电商系统，还不足以承担更大的流量。另一方面，对仓储自动化、干线网络化、配送移动化都是巨大的考验。

也就是说，小米电商平台还需要很大的升级和完善空间，以便应对更大的流量。小米电商系统的野心可见一斑。

电商平台作为移动互联网时代至关重要的销售渠道，是每一个企业的生存命脉，谁拥有了极具竞争力的电商平台，谁就能快速扩展市场。小米电商平台的强大，为其未来登顶世界第一的位置扫平了很多障碍。

2. 智能硬件

在如今的移动互联网领域，流行着这样一种说法：次好的手环+次好的手机>最好的手环+最好的手机。很多人听了都会觉得不可思议，甚至有人会认为这纯粹是胡说八道。其实，对于用户而言，这种比较方式确实存在。只要次好的手环+次好的手机能够紧密整合在一起，就一定可以胜过最好的但不是紧密整合的手环+手机。

这就是小米在智能硬件方面的战略发展理念。小米会通过制造出各种智能硬件，将用户家中的所有设备都联系起来，形成一个完整的闭环。如此一来，就相当于小米占领了客户的整个家庭重地。

大家不妨试想一下，如果小米手机可以实现对所有小米设备免配置和App，你还会选择其他性能比小米更加优良的手机吗？绝大多数的人都不会。因为"次好的手环+次好的手机>最好的手环+最好的手机"这一不等式已经告诉了我们一切。

小米公司已经纳入的九安医疗iHealth血糖仪，如今已经实现无需任何配置，无需下载任何App，就可以用小米手机直接连上血糖仪底座，随后弹出操

第七章 单打独斗难成大事：小米要健全链条覆盖的移动互联商业帝国

作界面这一先进功能，未来将会在功能性、操作性上进一步优化。而如果你选用的是其他品牌的手机，在使用九安医疗iHealth血糖仪时，就难以实现这种体验。

我们在前面讲到的米联功能，就是智能硬件的一部分内容。如今，已经有越来越多的企业开始和小米合作或正在进行前期接洽，它们都希望小米能和自己合作制造智能家居。一旦合作方式确定，小米在智能硬件方面的布局范围将会进一步扩大，竞争力显著提高。未来，小米以路由器为中心，让设备互联的梦想就会实现。那时候，中国很多家庭都会成为小米公司的忠实用户。

3.移动互联网服务

小米开发的MIUI系统是小米布局移动互联网服务领域的重要支点，有了MIUI系统，小米可以轻易和其他企业建立合作共赢的关系。以小米系统中的应用商店为例，早在2014年7月，小米系统中的应用商店就已经达到了50亿次的分发量，而如今，分发量已经达到了每个月10亿次。这些笑傲群雄的数据，足以让小米在移动互联网服务领域横扫对手。

加之小米的MIUI系统适用于众多不同品牌的智能手机，这些都为小米的移动互联网服务提供了极大的利好。

此外，小米能取得如此可观的成绩，还离不开小米执行的软硬件和应用系统紧密结合这一战略手段。洪峰在MIIC2014·极客公园公开课上还讲过，到2015年年底，小米设备将承载中国20%的移动互联网流量，这再次说明小米团队对小米在移动互联网服务领域掘金能力的高度自信。

小米生态圈中的电商平台、智能硬件、移动互联网服务这三个模块，组成了一个极其稳固的组合，帮助小米实现了所有增值有卖点、硬件可互通、服务能分发等战略目标。

这三个模块就相当于小米的三驾马车，拉着小米在移动互联网时代风驰电掣地前进。如果能一直保持这种良好的发展态势，小米在未来成为世界小米的梦想就一定可以实现。

第七章　单打独斗难成大事：小米要健全链条覆盖的移动互联商业帝国

让三大运营商做自己的免费销售渠道

众所周知，小米是一家互联网企业，一直坚持线上销售产品的营销模式。但这并不意味着小米仅仅只是在线上销售小米手机。作为一家新生的互联网企业，以及手机行业的初来者，小米公司不是不知道三大运营商意味着什么。

在中国，凡是和通信有关的行业，几乎都离不开三大运营商。三大运营商就像空气一样，无处不在。手机做得再好，性能再优异，如果没有三大运营商提供通信服务，手机就毫无使用价值。

运营商有强大的客户群，只有与运营商合作，才能卖出更多的手机。中国手机市场上这一现象尤为突出。长期以来，"中华酷联"通过与三大运营商合作，推出定制合约机，在销量上一直遥遥领先，牢牢占据着手机市场的前四把交椅的位置。每一次与运营商合作，都可以轻轻松松获得百万部的销售业绩。

小米之所以能和运营商合作，让运营商充当自己的线下实体店，纯属偶然。2011年8月，小米手机正式发布，由于前期全方位利用社会化营销进行造势，小米手机一上市，就受到了广泛好评。在不到一个月的时间里，小米手机的品牌知名度、百度搜索指数迅速上升到业界第一的位置。

口 / 碑 / 化： 小米为什么能成功

这时候，中国联通公司的总经理于英涛敏锐地意识到小米手机具有极大的市场潜力，如果能与小米公司合作，推出小米定制合约机，那么就可以给联通公司带来极大的业绩。因为联通前期和苹果公司合作推出过苹果定制合约机，收获颇丰。而小米作为手机行业的黑马，具备的市场潜力有必要让联通去争取一下。

于英涛怕其他竞争对手比自己捷足先登，没有找推荐人，也没有预约，在有了这一想法的第二天就径直去了小米公司。当时小米公司还在银谷大厦，办公环境非常狭小。当雷军得知于英涛找自己的本意后，非常吃惊。因为小米手机上市才一个月，联通公司的总经理就亲自登门拜访，可谓让小米公司受宠若惊。

在双方洽谈了两个小时后，达成了初步合作协议。2011年12月20日，小米公司和联通公司联合召开新闻发布会，宣布推出联通定制合约机，正式签订全年过百万的供货框架协议。

第七章 单打独斗难成大事：小米要健全链条覆盖的移动互联商业帝国

自此，小米公司迈出了和三大运营商合作的第一步。小米公司之所以答应和运营商合作，出于多方面的考虑。

小米和联通合作后，用户可以在全国各地3500个联通营业厅及1000多个社会渠道授权店直接购买到手机，而不用再在网上辛苦预约，拼命抢购。在合作的过程中，联通再次收获颇丰，自己的3G用户有了明显的增长。

长期以来，中国运营商呈三国鼎立之状，在市场份额方面你追我赶，互不相让。当小米和联通进行合作后，移动、电信这两个运营商也极速跟进，一时间，小米公司顾客盈门。

电信是继联通之后第二家与小米公司合作的运营商。2012年2月8日，电信公司和小米公司签订合作协议，正式推出电信版小米手机。2012年全年，电信版小米手机共卖出56万部，占小米手机总出货量的8%。

2013年12月18日，中国移动利用获得4G牌照的机会，与小米签订了战略合作意向。如今，在合作方面也进行得很顺利。虽然合作时间只有一年多，但保守估计，移动版小米手机早已卖出了上百万部。

小米公司之所以和运营商合作，就是为了完善自己的产业链，避免单打独斗，体力不支被竞争对手扼杀在摇篮里。具体意义体现在以下三个方面：

1.可以提升手机销量。任何和运营商合作的手机企业，都至少会增加几十万的销量。

2.小米由于专注于线上渠道，线下渠道成为自己的短板之一。如今有了运营商的合作，就可以帮助自己弥补线下短板，通过运营商的力量，建立自己的线下销售网络，有助于自己在手机行业站稳脚跟，这对于成长初期的小米来说非常重要。

3.与运营商合作,无异于依靠运营商的知名度和公信力为自己进行信誉保障。这样一来,可以大大提高小米的品牌力和知名度。

2012—2014年国内市场小米手机销量

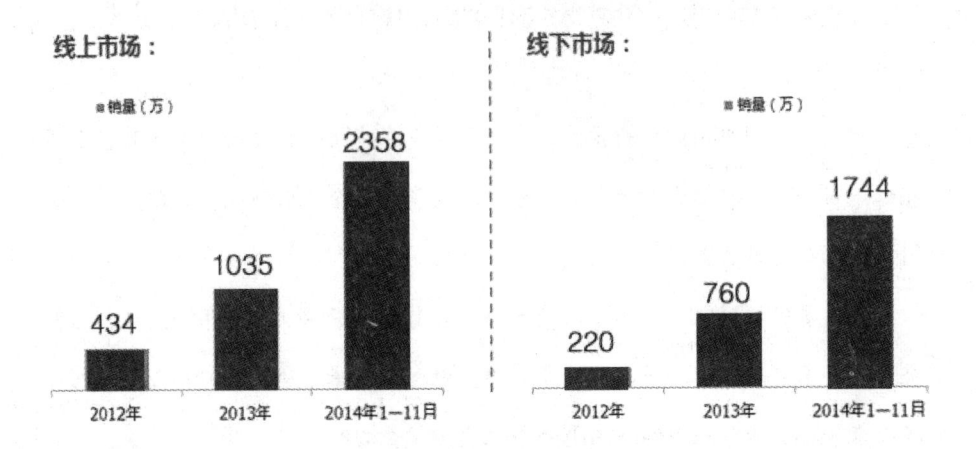

线上市场:

- 2012年:434(万)
- 2013年:1035(万)
- 2014年1—11月:2358(万)

线下市场:

- 2012年:220(万)
- 2013年:760(万)
- 2014年1—11月:1744(万)

从上图中可以看出,小米线下销量在小米的总业绩中占有相当一部分比例,且在逐年增长。这无疑证明了小米的联盟策略是正确的。

当然,对于一向注重品牌价值的小米来说,盲目扩张绝对不可取。虽然和运营商合作能够提升销量,但这也对小米的售后服务提出了更大的挑战。毕竟运营商是不负责售后服务的,即便负责,也不会尽心,最终还是需要小米来解决。

为此,小米公司和国内最大的移动通讯代理商之一爱施德进行合作,建立了覆盖全国28个省市的售后网点,以解决过高销量带来的相关售后问题。从这一点,我们也可以看出,小米是一家有良心,有长远战略眼光的企业。未来,我们有理由相信,小米公司可以成为世界级的公司。

第八章

逼疯自己，逼死别人：
没有新的管理理念，就无法做强做大

极致思维，在小米的管理方针中可谓表现得淋漓尽致。雷军为了让小米做强做大，创造了各种"毁三观"的管理理念，并依靠这些管理把自己逼疯，把对手逼死，最终打造出了令世界震惊的"小米速度"、"小米现象"等各种小米系列话题。更为重要的是，小米用异军突起的成功形象，证明了新时代必须用新理念来管理企业这一亘古不变的真理。

"中老年团队"也能展现出极客精神

美国管理大师德鲁克说过:"企业的成功靠的是团队而不是个人。"成功的企业,首先要有这么一个团队,"拥兵"才能成大事,然后才是经营企业的事情。

但是,光有团队是不行的,还要有执行力。每个团队都是先有执行力而后有竞争力,任何失败归根结底都是执行的失败。战略再宏伟,决策再正确,制度再严谨,战术再高明,如果没有执行,结果很可能与我们的预期南辕北辙,没有执行的战略战术,最终也只能是水中捞月、纸上谈兵。

所以,对于企业团队来说,最难能可贵的就是拥有超强的执行力,这是使团队处于不败之地的唯一法宝。那么,执行力又是什么呢?其实,执行力的内核,是极客精神。极客精神是一种追求创新、追求极致、追求最快的精神。

中老年团队这个称呼是小米公司成立前期业内人士起的,因为一般的互联网创业公司,员工年龄都非常年轻,平均年龄在25岁左右。只有这类人群对互联网最感兴趣,思维活跃性高,接受新鲜事物的能力强。

而小米公司的七个联合创始人,平均年龄在40岁左右。即便后来发展到

第八章　逼疯自己，逼死别人：没有新的管理理念，就无法做强做大

200人的时候，平均年龄仍然在30岁左右，大都有老婆有孩子，平均年龄远高于一般的互联网创业公司。并且，发展初期，整个公司几乎没有一个应届毕业生。

更令人惊讶的是，时年41岁"高龄"的雷军，作为小米公司最重要的创始人，这次创业却是其第一次真正意义上的创业。这种种不合常规的现象，让业界人士觉得这个"中老年团队"从一开始就已经日薄西山。

不过，事实永远比我们想象的更精彩，更出人意料。就是这个中老年团队，靠着让业界震撼的极客精神，爆发出了极强的战斗力。他们先是从最擅长的软件（应用）开始做，经过夜以继日的改进和完善，终于获得了成功，当操作系统吸引了众多粉丝后，他们又开始一头扎进手机硬件领域，没日没夜地做系统，测程序，试硬件，终于做出了让用户尖叫的小米手机。

小米联合创始人之一的刘德曾在一次媒体会议上说："小米应该以极客精神服务好90%的用户，这才是小米公司最擅长的打法。"一语道破天机。小米公司这家中老年团队，最骄傲的资本就是具有极客精神。

极客精神并非每个团队都可以拥有，最关键的还要看这个团队的最高领导者如何。如果领导管理不好这个团队，这个团队就绝对不会有凝聚力，更不会有极客精神。

很多人问过雷军，如何才能让企业具有极客精神。雷军说："这需要具备两个要素。一个是领导者要会经营企业，一个是领导者要有极客精神。"很显然，第一个要素最难。

说起来经营企业，很多人觉得很神秘。而在雷军看来，却觉得很简单，用他的话来说就是，你只要把自己的团队经营好了就行了。也就是说，带团队成

口 / 碑 / 化： 小米为什么能成功

功了，做企业也就成功了。

其实，这种说法并不新鲜，纵观我国那些成功的企业或者集团，无不是从通过管理团队进而达到管理企业的目的的。

2014年5月的一天，当记者走进这家企业的时候，到处所见的标语是：力量来自团队！力量来自团队！因为，他们的成功就是靠这句话的。

30多年前，在山东省青岛市有一家集体企业性质的小厂。这个厂子有多少人呢？连老板带员工加起来才178人。

进入工厂，你随便转溜一下，就会发现不少地方有这样的提示："不能随地大小便。"就光凭这一句话，你就可以想象一下这家企业当时有多差。

按当地老百姓的话讲："这个破烂厂子，有个好队伍。"有一年，一个德国的经销商突然打来一个紧急电话，要求这个"破烂厂子"两天内发货，不然的话，订单视为无效。

接到这个电话，接线员愁得泪就下来了，这是什么一种概念？打电话这天是周五，是下午两点。如果他们在5点之前装不上船的话，周六周日肯定是办不成事了。因为海关、商检等有关部门下午五点半准时下班，有关部门下班后，所有的工作只能推到下周一开始。也就是说，平时需要几天的工作，这次需要在三个半小时内完成。

这个"破烂厂子"的带头人一声令下，发挥团队协作的优势，多头并进，调货的只管调货，报关的只管报关，联系船只的只管联系船只，各干各的，不紧不慢，下午五点，货船准时出发了。

这位德国经销商接到了发货通知，吓了一跳——因为他根本没想到，原来只是打个电话催一下，只是当个成交机会罢了。在这么短的时间内，做出这样

第八章 逼疯自己，逼死别人：没有新的管理理念，就无法做强做大

紧急的任务，即使在追求纪律、守时的德国也是不可能的，在中国这个"破烂厂子"竟然做到了！

这个德国人打破了十几年的惯例，给这个"破烂厂子"写了一封特别的感谢信。

从此，这个"破烂厂子"扬名海内外，他们依靠团队协作的力量，生意越做越大，名气也越来越大。这个"破烂厂子"就是今天的海尔集团！而"破烂厂子"的领军人物，就是今天海尔首席执行官张瑞敏。

从当年的"破烂厂子"发展到今天的海尔集团，靠的是什么？靠的是团队协作。力量就来自于团队。领导者管理好了团队，才能将团队协作的最大潜力发挥出来。张瑞敏正是因为明白这一点，才有了今天的家电行业的巨无霸——海尔集团。当然，张瑞敏身上的极客精神也不可或缺。因为冰箱有一点瑕疵，张瑞敏就不惜砸掉了几十台冰箱，这个故事就是最好的证明。

所以，企业管理者要想打造一个成功的企业，就要像雷军、张瑞敏那样，先管理好团队，再用自己身上的极客精神去影响团队成员，让他们把极客精神当成企业文化的一部分，从而爆发出强大的执行力。这样，就为打造超强竞争力的企业奠定了坚实的基础。

此外，打造具有极客精神的团队，不仅仅是创业公司开拓市场的尖端武器，也是功成名就的企业进行守业的至尊法宝。任何时代，企业都需要具有极客精神的团队，也只有这样的团队，这样的精神，才能不断更新、迭代、升级，成为百年企业。

花80%时间用在高级人才挖掘上

21世纪什么最贵？无疑是人才，人是具有无限塑造可能和创造潜能的资源，是企业生存发展的第一资源。经营企业，就是经营人才，人是企业生存发展的唯一主语。正基于人才对企业的重要性，人力资源这个词应运而生。

顾名思义，人力资源就是将人才看作资源，用运作资源的方式培养人才、管理人才，一个好的人力资源经理能够为企业提供源源不断的新鲜血液，也只有这样的企业，才能真正做到事业永续、基业常青。

小米之所以能够在短短五年的时间取得如此骄人的业绩，是因为雷军这个第一人力资源经理，在招聘人才时付出了极大的心血。用他的话来说，就是每天花80%的时间来挖掘高级人才。

人才是企业的第一核心竞争力，身为高层管理的雷军深刻地明白人才的重要性，所以他在小米成立之初，就把大部分的精力放在了人才挖掘上。首先是小米公司的7个联合创始人，各个都是业内精英，人才中的人才。

雷军，作为金山软件公司的董事长，知名天使投资人，其个人能力自不必说，绝对是超级精英中的佼佼者。

第八章 逼疯自己，逼死别人：没有新的管理理念，就无法做强做大

林斌，小米公司内部人员称呼他为Bin，现在担任小米科技总裁的职务。其担任过微软亚洲工程院工程总监、微软亚洲研究院高级开发经理、谷歌中国工程研究院副院长等职务，为微软和谷歌研发出了一系列先进的研究技术。

黎万强，曾任金山软件设计中心设计总监、互联网内容总监、金山词霸总经理，参与过金山毒霸、金山词霸、WPS Office等多个知名软件项目的不同版本开发，是国内最早从事人机界面设计的专业人员之一。

周光平，摩托罗拉最畅销机型"明"的硬件研发负责人，发明的专利有《用于GPS应用的反向折叠F天线》、《可闭合的无线通信设备及其方法》等。曾任摩托罗拉北京研发中心高级总监、摩托罗拉亚太地区手机质量副主席等职务。

黄江吉，原Microsoft中国工程院开发总监，参与过微软中国Windows Phone 7多媒体、浏览器、即时通讯等项目研发。

刘德，创办了北京科技大学工业设计系，并担任该系主任。

也就是说，小米公司这些联合创始人分别来自金山、微软、谷歌、摩托罗拉等世界知名IT企业，他们不仅在技术上占尽优势，在管理上依然具有很强的竞争力。从七位联合创始人的身份上，我们就可以看出小米公司对人才的苛求程度。

不仅如此，雷军对于小米公司的前一百名员工，都是亲自面试，以争取挖掘到最好的人才。在平时，雷军如果听说哪里有高级人才，就会立马搁下手中的事情，给这个高级人才打电话或者前去面谈，不把这个高级人才拿下决不善罢甘休。

企业在高速发展的过程中，高级人才发挥的作用非常明显。因为很多事

情，根本不需要花费太多的沟通时间，高级人才就会领略到管理者的意图。

在小米科技，雷军精简开会次数，一周开一次公司级例会，时间都控制在一小时以内。公司发展了三年多，集体大会没超过三次。许多重要的会议，都是采用非正式形式完成的。

在小米科技，雷军把自己定位为产品经理，每周定期都会与基层同事坐在一起讨论产品层面的事情。很多小米公司的产品细节，就是采用聊天的方式和相关业务一线产品经理、工程师一起讨论决定的。这和有些公司的文山会海有本质的区别。

韩国三星集团董事长李秉喆，主张人才第一，坚持"第一主义"——第一次就把人才选对。他亲自招聘选人，亲自面试，这在世界知名企业中并不多见。他认为，如果选不对人，不仅对企业发展没好处，甚至会阻碍企业的发展，甚至由此会引发重大责任事故。而这一点和雷军的管理理念不谋而合。

很多企业管理者常常会感叹："哎呀，现在的人才真是不好招啊。好人才真是太少了。"对此，雷军用一句话作为回击："如果你招不到人才，只是因为你投入的精力不够多。"

雷军在招聘高级人才时，基本上都会遵循6个原则：

1.定义你的高级人才

要想招聘到高级人才，首先就得明确高级人才与普通人才的区别。高级人才并不是简单地拥有单方面的能力，而必须具备三方面的标准：第一，必须具备胜任该项工作的知识、技术和智力；第二，对企业和工作岗位感兴趣，有精神上的驱动力；第三，与企业文化和价值观的融合程度较高。

2.集体参与高级人才的招聘

小米公司刚刚成立时，没有一点知名度，尤其是在做MIUI系统时，常常被人们看做是一种模仿安卓系统的山寨公司，因此在招聘硬件工程师时，总是得不到优秀的工程师的认可。一次，雷军发现了一名优秀的硬件工程师，便热情地邀请对方来面试。

在面试的过程中，雷军发现这个人是个非常难得的人才，但他缺少创业的决心，小米公司前途未卜也让其犹豫不决。雷军为了让这个人加入小米公司，便和几个合伙人轮番上阵对其进行"面试"。到最后，这个人被这个团队的执着和真诚打动了，非常疲惫地对众人说："好吧，我同意加入小米公司，我实在是体力不支了。"面试结束时，这位工程师已经被雷军的几个合伙人整整"面试"了12个小时。

高级人才是企业发展的关键，高级人才的引进情况直接关系到企业的整个行销系统。所以，招聘高级人才不仅应该是人力资源经理的职责所在，更应该是企业的部门主管甚至CEO主动关心的事，否则重视高级人才的引进就是一句空话。

3.建立高级人才资源库

很多企业管理者都希望工作岗位空缺时正好能招聘到某个出色的高级人才，这未免有点天方夜谭的味道。行销重在未雨绸缪，寻找人才也是如此，不是等到需求最大的时候才开始大量面试，而要功在平时，建立企业的人才资源库，如此才能保证企业在正常运转的情况下保持人力资源方面的竞争力。

4.面试时询问一些能彰显行为特点或能力水平方面的问题

招聘高级人才时首先应考查应聘者是否具备对该工作有益的特质，也就是分析对方是否具有该职位或该职位发展空间所需具备的专业能力和个性特质，因此在面试时就要侧重询问那些能考查对方行为特点和能力水平的问题。例如，"如果你遇到这种情况会如何做？""你将如何说服团队成员接受你的行销方案？""你最引以为豪的一次谈判经历是什么？"

5.注重高级人才之前所在单位对他的评价

很多管理者都有这样的经历，很多所谓"高级人才"的经验和条件各方面都非常符合工作岗位的需求，但到了实际的工作中却发现其空有"高级"的名号，很多才能也只是反映在简历上而实际不拥有。所以，在正式录用之前，不妨先与他之前服务的公司谈谈，除非对方告诉你"不录用他是你们的损失"，否则不要轻易相信对方。

6.做好企业"推销"工作

招聘是一个双向选择的过程，遇到适合企业的高级人才，如果联络不够或者在推销企业的理念等方面做得不够，都很有可能与那些应聘的顶尖人才擦肩而过。所以，招聘高级人才时尤其要做好企业的推销工作，凸显招聘职位的市场价值，让他们看到事业的发展前景，从而吸引人才，达到双赢的结果。

当下，市场竞争激烈，要想让自己的产品和服务优于同行业的竞争者，必须在选人上下功夫。选人关，这是企业打造超级竞争力的第一关。这一关过不好，后面所有的企业运营都做不好。

　　小米的成功，和在选人关这一方面精益求精、优中选优有着非常直接的关系。试想，如果没有当初实力强大的七位联合创始人，没有雷军把80%的时间都用在人才的甄选上，还会有今天这种超强竞争力吗？肯定不会。

强调责任感,不设KPI

世界上什么才是最强大的力量?毫无疑问,是精神,是文化。古往今来,许多武力强大的民族都已消失在历史的角落里,上善若水的中华民族却还活得挺好!改革开放三十几年,当初呼风唤雨的企业很多已经成为烟云往事,而海尔、联想、华为等拥有自己企业文化的企业却后发先至,屹立于世界舞台。

在北京西郊的妙峰山下,有一个大纪念碑,上书四个大字:"精神不死!"也许这才是那些扬名世界的企业成功的秘密!

"一年的企业靠运气,十年的企业靠经营,百年的企业靠文化",随着时代的发展和社会的进步,企业文化对于企业核心竞争力的重要性日益凸显,企业文化越来越成为企业真正的老板,一家没有文化的企业就像一个没有思想的行尸走肉,只能在社会发展的洪流中被淘汰出局。

雷军多年的管理经验告诉他,一切表面上的纪律、规章制度都难以让小米在强者如林的市场竞争中崛起,只有向联想、华为这些集团企业学习,学习它们的企业文化,让员工高度认同并接受企业文化,才能打造一个百年小米。于是,雷军在公司推出了一条法则:强调责任感,不设KPI(Key Performance Indicators的缩写,意思是关键绩效指标)。

第八章 逼疯自己，逼死别人：没有新的管理理念，就无法做强做大

这是个被业内人士视为逆天的管理法则，因为绝大多数的企业都是靠KPI管理企业的，小米这种忽略KPI，强调责任感的做法，着实大胆而前卫。

一般企业喊出的口号都是产品第一，但是小米公司却不是这样，它的口号是团队第一，产品第二。小米公司的管理层认为，只有好的团队，才能创造出好的产品。所以，团队比产品更加重要。

这就是小米强调责任感的初衷。有了超强的责任感，就根本不用KPI。因为有责任感的员工，会自主遵守KPI。

所以，小米从一开始就非常关注员工的精神状态，凡是到小米工作的，除了具备是顶尖人才这个条件外，还必须有创业激情和认同小米文化。如果不具备后两个条件，再优秀的人才，小米也会果断放弃。因为只有具备了后两个条件，员工才会自我燃烧，才会有更高的主动性，才能成为一名真正合格的小米人，而真正的小米人是不需要设定一堆KPI的。

小米公司虽然比不上微软、谷歌这些知名企业，但它招聘的标准却不比这些企业低。小米公司不仅要求应聘者是好工程师、业内精英，还要求他们必须要有创业激情和人生理想。他们最令人震惊的一句口号是："不仅要工程师的身体，还要他们的灵魂。"因为只有由于把身体和灵魂都交给小米的员工，才是有责任的员工。

自小米声名鹊起后，了解小米公司的人越来越多，很多人都根据小米公司的工作环境，给其打上了两个标签：打鸡血、6×12（指周工作时间）。也有人称小米公司为"火坑"，一跳进去就出不来了。对于这一点，小米公司那些

工程师的妻子体会最深，用她们的话说就是：一旦把老公交给小米，你就要不回来了。

这些说法并不夸张，凡是能在小米工作的人，都有极强的责任感，他们不仅有战斗力，还有激情和韧性，可以废寝忘食地去专注做一件事情。这也是小米产品为何总能让用户尖叫的缘由。

有了责任感，就会有成就。有了成就，就会有尊荣感。这是雷军的管理理念之一。任何时候，责任感和尊荣感都是相伴相生的。也就是说，在一定条件下，责任感会转化成尊荣感，成为一种隐形激励方式。

小米手机问世后，一直处于供不应求的状态。很多时候小米员工到餐厅吃饭，其他食客都会问小米员工"为什么老是抢不到小米手机"、"你能不能帮我搞一部小米手机"等诸如此类的问题，有时候餐厅的服务员或者老板也会请他们帮忙搞一部小米手机，并承诺给小米员工免费或打折。这让小米员工非常自豪。

就连小米公司的代工厂合作商英达华企业的车间工人都因为生产小米手机而自豪。英达华企业的高层对小米雷军说："我们的车间工人都希望能够买到一部小米手机，雷总能不能满足一下？"雷军非常不解，就问："这些工人天天在做手机，为什么还要如此大规模地买小米手机呢？"

英达华企业的高层笑着说："雷总有所不知，工人的亲戚听说工人在组装小米手机，七大姑八大姨便找到工人说：'听说你在做小米手机，能不能给我搞一台？'工人为了面子，便有了这个请求。"

第八章　逼疯自己，逼死别人：没有新的管理理念，就无法做强做大

种种事实都证明，小米在塑造员工责任感方面做得非常成功。因为能够坚持三年全员6×12小时工作，并且离职率非常低的企业，是凤毛麟角的。而在飞速成长的过程中，一直没有实行打卡、KPI考核制度的企业，更是屈指可数。

小米公司的员工为什么这么拼、这么自觉？有人曾质疑这是因为小米公司擅长给人洗脑。对此，小米公司的联合创始人黎万强进行了反驳："来小米公司的员工，都是有着十年二十年工作经验的人，很多人还是来自谷歌、微软这样的世界级大公司，他们怎么可能被人洗脑呢？小米员工之所以这么拼，是因为我们给了员工足够的回报：工资上我们的待遇很高、期权上有很大的上升空间、工作上有很强的满足感。"

小米公司那些出色的工程师，总会受到用户的极力追捧。责任感和成就感是相伴相生的，并且，有了责任感，就有了自觉性，只要知道目标是什么，就会自发自动地向着目标迈进。

这正是雷军的聪明之处。他不给员工设定各种考核制度，但并非完全不管理员工。他在忽略KPI等考核制度的同时，又重新提出了两点要求：一是用户看到会不会惊呼；二是用户会不会向朋友推荐小米产品。这两点要求，无疑会增强员工的使命感。在责任感的督促下，使命感才会更加强烈。这也是企业文化的魅力所在。

移动互联网时代，市场经济格局早已发生巨变，企业之间的竞争已经逐渐由价格、质量、价值和品牌的竞争逐渐转向文化的竞争，企业文化能对全体员

工起到内在的号召力，能从根源上保证企业健康、稳定地发展！所以，任何企业都应该向小米学习，去竭力打造真正具备竞争力的企业文化，而不是那些留于表面的规章制度。因为规章制度是死的，是被动执行的，企业文化是活的，是主动执行的。

第八章　逼疯自己，逼死别人：没有新的管理理念，就无法做强做大

透明的利益分配机制

在这里，我们先来看一个故事。

一座庙里有7个和尚生活在一起，他们每天都需要分食一桶粥。刚开始时，每天都有一个专门的人负责为大家分粥，可是每次都有人吃不饱，而那个负责分粥的人每次都能得到最多的粥。于是乎，另外6个人不乐意了。为了公平，他们商定7个人一人一天轮流为大家分粥。可是，几周下来，他们只有自己分粥的那一天能吃饱，其余的6天只能在饥饿中度过。

对于这种状况，每个人都心存不满。为了公平起见，他们提议让7个人中修行最深、最德高望重的人分粥。刚开始，这个和尚没有辜负大家的信任，每次分粥都能做到公平、公正，给每个人的都一样多。但很快就有人动起了歪脑筋，开始挖空心思地讨好分粥人。利益面前，谁能不心动？渐渐地，这个德高望重的和尚在分粥时做不到一碗水端平了，那些讨好他的人总比别人得到的粥多些。

这种状态又维持不下去了，他们决定成立"分粥委员会"和"监督委员会"，分别是三人和四人，这样虽然解决了公平问题，可是双方总有意见分

口／碑／化：小米为什么能成功

歧，甚至争论不休和攻击扯皮，经常是粥分完了也凉了。

最后，7个和尚经过磋商终于想出了一个办法，还是每人轮流分粥，不同的是分粥的人只能等其他人都挑完之后拿剩下的最后一碗。如此，每个分粥人都知道，如果7个碗里的粥不一样，他将只能分到最少的那个，所以分粥时都能保证每个人碗里的粥一样多。于是，这个公平的分粥机制就被7个和尚沿用了下来。

这则故事诠释的道理很深刻。每个人分到的一样多没问题，每个人分到的一样少也没问题，但当有人分到的多有人分到的少时，问题就来了。

美国心理学家亚当斯在大量调查的基础上得出一个结论："一个人对他们所得的报酬是否满意不是只看其绝对值，更要进行社会比较或历史比较，看相对值。"企业员工自然也不例外。他们同样是通过利益分配机制来判断自己是否受到了公平对待，从而影响自己的情绪和工作态度。

很多时候，分配不在于多少高低，关键就在于是否公平。正所谓"成事在公平，失事在偏私"，再好的分配制度，如果不能做到公平、公正、公开，也就无法起到有效作用。小米的成功，和透明的利益分配机制有着很大的关系。

小米公司成立之初，就定位为联合创始人，也就是每个人都必须对公司注资、持股，以示大家对公司的信心和全力以赴。

2010年12月15日，小米公司共计融资4100万美元，投资方为晨兴创投、IDG、启明创投和小米团队。其中小米团队总共有56人，共投资了1100万美元，平均每个人约投资20万美元，共占小米公司4.4%的股份。

也就是说，无论员工在小米公司是什么职位，他将来能赚多少钱，主要由

第八章 逼疯自己，逼死别人：没有新的管理理念，就无法做强做大

他的持股份额决定。要想让自己赚的钱更多，就必须让自己的股票升值。而要想让股票升值，就要确保小米公司快速平稳地发展。如此一来，员工就不得不以主人翁的心态来为公司做事。

凡是了解小米公司的人，都知道小米公司一直有个卖嫁妆的段子被人们津津乐道。在小米发展初期，公司的一位女员工承担了从人力资源到行政、从后勤到前台的全部工作，她为了投资小米，不惜卖掉了自己的嫁妆，为的就是多持有公司的股份。如今看来，这是个一本万利的买卖。因为她持有的股份，随着小米的飞速发展，现在已经是名副其实的巨款。

小米公司一直坚持透明的利益分配机制，有利益，就和员工一起分享，并且尽可能多地和员工分享利益。并且，小米公司在晋升制度方面也和其他企业明显不同，小米公司没有升职这一做法，最直接的升职就是加薪。越有能力，贡献越大，薪资就越高，并且对每一位员工都是实行这个标准。如此一来，就大大降低了员工之间因职务晋升而钩心斗角的概率，维护了团队的和谐与稳定。

时代一直在变，管理理念也需要与时俱进。如果在移动互联网时代，企业管理者还在用传统管理理念管理员工，制定各种规章制度，势必会给企业的发展、改革带来很大的阻碍。而利益分配机制作为企业管理的核心，管理者更应该在这方面与时俱进。

我们从小米公司透明的利益分配机制上，可以获得以下的启发：

1.让利益分配符合员工被尊重和认可的需求

每个员工都希望获得管理者的尊重和认可，其一就是管理者对其所取得成

绩的表扬和赞赏，例如干得好就加薪；其二就是赋予员工更多的责任，也就是给其发展和成长空间。要知道，只有给予员工责、权、利时，其才能有主人翁的责任感，从而真正以老板的心态为企业付出。

2.利益分配要让员工更好地体现自身价值

没有前途的工作只能让员工产生不满，员工都渴望能在企业当中看到自己未来发展的路径，在工作中体现自身的价值，而薪资调整、股票升值便是更好体现员工价值的方法。

3.利益分配要让员工更具忠诚感

企业如果在利益分配上做得不好，就会伤害一部分员工的感情，让他们对公司心存不满，这样的员工是不可能长久地服务公司的，时机一到他们就会跳槽。所以，企业在进行利益分配时，要将其和员工的忠诚感联系起来，多从长远发展的角度考虑。例如小米，它作为一家互联网公司，在顺势而为的时代背景下，未来的发展潜力非常巨大。而持有小米公司股票的员工，持有的时间越长，未来变现后获得财富就越多。如此一来就可以激励员工踏踏实实、一心一意地与企业共患难，同甘苦。

总之，管理企业，利益分配机制是一张非常重要的牌，打得好，则团队皆大欢喜，众望所归；打得不好，则团队人心涣散，一盘散沙。

第九章

多管齐下才能走得更远：
小米用铁人三项突出重围

小米从成立那天起，就是在质疑和不屑声中成长的。起初，没有人相信这样一家"四不像"的公司，会在四年多后取得450亿美元估值这个令世界震惊的成绩。但是，小米凭借自己的多方位布局，凭借自己的铁人三项，在众人轻视的眼光中上演了一出屌丝逆袭高富帅的大戏，它不仅在强手如林的竞争中突出重围，并且干脆利落地干掉了很多强有力的对手，让小米模式成为业界争相模仿的对象。

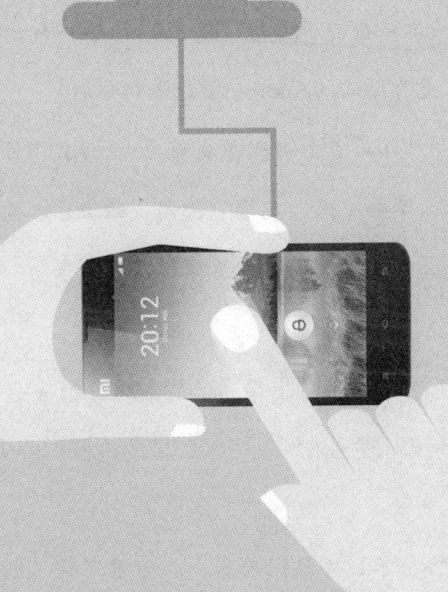

口 / 碑 / 化：小米为什么能成功

MIUI：没有MIUI系统，就没有小米公司

严格来说，小米公司真正意义上的第一个产品不是小米手机，而是MIUI系统，俗称米柚。下面我们先来看一下MIUI系统的官方定义。

MIUI是小米科技旗下基于Android进行深度优化、定制、开发的第三方，即受手机发烧友欢迎的Android系统ROM，专为中国人习惯设计，大幅修改了Android本地的用户接口并移除了其应用程序列表，全面改进原生体验。能够带给国内用户更为贴心的Android智能手机体验。

从2010年8月16日首个内测版发布至今，MIUI目前已经拥有国内外7000万的发烧友用户，享誉中国、英国、德国、西班牙、意大利、澳大利亚、美国、俄罗斯、荷兰、瑞士、巴西、印度等近20个国家。

MIUI系统的问世，绝非偶然。从雷军开始决定创建一家互联网企业时，他就把MIUI系统当成了进军互联网领域的跳板和桥头堡。

诺基亚N78、苹果手机问世后，都令雷军赞不绝口。并且，他认为不是手

第九章 多管齐下才能走得更远：小米用铁人三项突出重围

机硬件好，而是软件系统好，这样才提升了用户的体验。所以，雷军始终认为，只有好的系统，才能有好的手机。要做一种好手机，就得有好系统为依托。

雷军在做MIUI系统之前，就是一个标准的手机发烧友。在长期的发烧友生涯中，雷军对各种手机系统的优势与劣势都能如数家珍。雷军发现市场普及率最大，最受欢迎的安卓系统有很多弊病，比如安卓系统后台应用不断自启，系统不停唤醒，不停联网，这些都会极大地消耗手机的电量。

正因为他可以一针见血地指出安卓系统中的不足和漏洞，他才有了优化安卓系统，打造MIUI系统的目标。于是，雷军开始静悄悄地招兵买马，组建自己的团队，开始在安卓系统的基础上改造，最终，初级版的MIUI系统问世了，MIUI系统不仅在接听电话界面、主题、锁屏、短信等众多功能方面做了创新性的改进，还添加了安卓系统以往没有的功能。

MIUI系统一经问世，就受到了用户的广泛好评。但MIUI系统的研发团队很清楚，MIUI系统问世只是万里长征迈出了第一步，以后要走的路还很长。

如何才能让MIUI系统越来越好，越来越受市场的肯定？雷军心中已经有了明确的答案。他要利用互联网思维中的核心思维之一用户思维来打造完美的MIUI系统。因为只有利用用户思维，才能让MIUI系统变得越来越接地气，这样就能形成良好的口碑。继而通过口口相传，MIUI系统才会被更多的人认识和使用，才能占领更大的市场份额。

2013年5月7日，全球移动互联网大会在北京召开，在这次会议上，雷军做了一场《共同打造Android完美体验》的演讲。下面是其在演讲中的实录节选（有删减）。

口／碑／化：小米为什么能成功

MIUI是基于Android深度定制的系统，我们做了哪些事情改变整个Android手机的体验？我觉得第一件事情很有价值，这件事情是什么呢？当后台应用这些系统的时候，这些系统不停地唤醒，不停地联网，你可以看屏幕。当它们不停联网的时候，你的手机会非常耗电。哪怕每个应用五分钟唤醒一次，每唤醒一次，你今天CPU的能力其实是非常耗电的，而且这样频繁的唤醒造成移动通信的风暴。

怎么改善呢？如果操作系统强作后台应用一次唤醒，一次联网，修改这个以后，整个系统的待机时间会明显提高，在这一点上，我们呼吁所有的厂商都支持对其唤醒的机制。支持对其唤醒之后，装了一百个常用应用，待机能力提高2倍。如果你不装这个应用，小米1S手机不用就会待机7天。大家不要盲目指责说我的手机为什么这么耗电，其实多半是应用软件干的。

我们直接控制了自启动，应用系统，用户知道哪些应用在后台启动，我们控制联网，设计每个应用允许不允许你联网，是不是WiFi联网，还是3G联网都可以。我们还做了默认关闭悬浮窗，手机很小，浮几个广告和图片肯定不好看。大家想一想，在手机上浮动几个窗口是什么感觉？包括行业大公司做的应用经常给你搞一个浮动窗口，这个浮动窗口对手机的体验和干扰非常之大的。在MIUI默认禁止悬浮，当然也可以设计，我不推荐任何开发者做悬浮的开发模式。

谈到MIUI，我再介绍一下MIUI V5，它分三十几个模块，从桌面系统到常用功能，到小工具，到核心应用，已经是非常浩瀚的系统。MIUI致力于打造智能化云服务。在4月初的时候，我们每天新上传630万张照片，一个月之后，我们每天上传11000张照片，4月份的时候存储了3亿张照片。

我举一个小例子，比如说文件管理，我们文件管理直接跟网盘对接，可以

第九章 多管齐下才能走得更远：小米用铁人三项突出重围

很轻松把本地文件放到网盘上。还可以设计成STP服务器，可以通过WiFi不用插线的方式访问本地文化，还可以支持垃圾文件清除。所以每一个小应用做的完整度、细致度和应用性可能超过了大家的想象。

我们从雷军的发言中，可以看出他对MIUI系统的骄傲。不过，如何打造一种性能优良的MIUI系统，这个问题更值得我们深究。能让雷军骄傲和自信的MIUI系统，绝非随随便便就可以研发出来的。在这一成功的背后，雷军和他的团队付出了很多。

移动互联网时代的一大法则就是，需求来自用户，产品评价来自用户。而这一法则也成了研发MIUI系统的指导思想。MIUI系统每次的改版升级，都是建立在"是用户可感知的、是用户想要的"这一前提下。为此，MIUI系统的研发团队构建了"橙色星期五"的互联网开发模式。

橙色星期五的互联网开发模式

周一	周二	周三	周四	周五
开发	开发/四格体验报告	开发/升级预告	内测	发包

这种开发模式主要是研发MIUI系统的团队在小米论坛上与用户展开互动，系统每周更新一次，更新的内容是用户反馈最热烈的或用户最急需解决

口 / 碑 / 化： 小米为什么能成功

的。为了准确了解用户对系统升级后的体验，团队又通过制定"四格体验报告"，让用户在小米论坛上进行投票，以便了解用户对系统的直接评价。

凭着MIUI系统的精益求精，不断完善，它成功获得了众多用户的认同，俘获了众多粉丝的忠心。如今，小米凭着MIUI系统良好的体验感，使小米客户群成为移动互联网上活跃度最高、最核心的人群。早在2014年7月，MIUI系统应用商店下载量已经超过50亿次，这一业绩足以笑傲群雄。

第九章　多管齐下才能走得更远：小米用铁人三项突出重围

MIUI系统获得的巨大成功，为小米公司进军手机硬件领域奠定了坚实的基础，可以说，没有MIUI系统，就没有小米手机，更不会有如今的铁人三项。而绝大多数喜欢小米手机的用户，其实喜欢的是MIUI系统。因为MIUI系统才是小米手机最核心的竞争力。

口 / 碑 / 化：小米为什么能成功

小米的铁人三项：软件、硬件、互联网服务一体化

是什么让小米公司在成立不到五年的时间里，就成为手机行业的一方霸主，影响力仅次于苹果和三星？对于这一点，有人用"小米是坐在风口上的猪"这一比喻来解释。

2010年，手机巨头诺基亚摇摇欲坠，即将分崩离析，苹果、三星正忙于扩张高端市场，无暇他顾，而中国国内智能手机还未兴起，竞争对手少、机会多、时机正好等种种机缘巧合，给了小米迅速腾飞的机会。

对于这一解释，没有人会否认，就连雷军都说，小米是坐在台风口的猪。当台风来临时，小米正好站在台风口，所以它一飞冲天。但是，深刻分析小米成功的原因，就会发现绝非如此简单。不然的话，为什么联想、华为、魅族等国内手机巨头总是无法超越小米呢？

小米之所以能获得令世界瞩目的成就，还要归功于其精心打造的完美模式，即"铁人三项"：软件、硬件、互联网服务。软件主要指MIUI系统，硬件主要是小米手机、配件、电视、手环等，互联网服务指基于软硬件提供的各种应用与服务。

第九章　多管齐下才能走得更远：小米用铁人三项突出重围

从雷军把小米公司定位为互联网公司那天起，这一战略定位就已经形成了。只是为了避免竞争对手的打压，雷军行事低调，一直掩藏着锋芒，在步步为营的进击中，硬是让对手看不清其战略布局，当对手看清的时候，却发现为时已晚，因为小米铁人三项的格局已经形成了，并且坚如磐石。

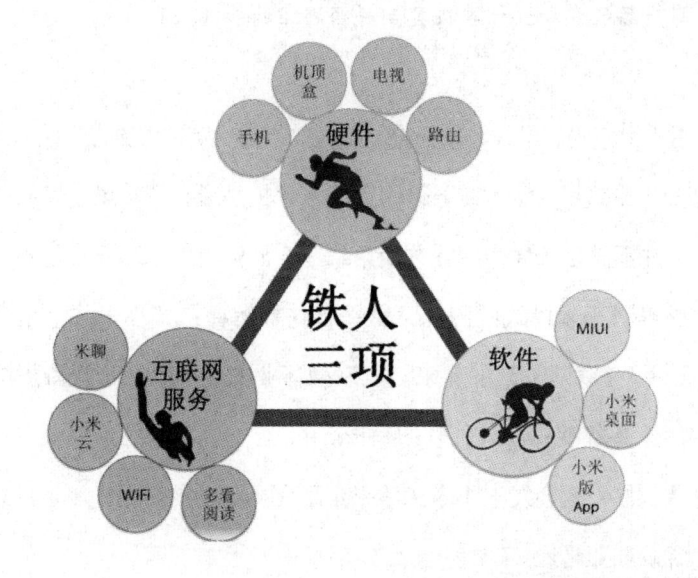

铁人三项示意图：硬件（手机、机顶盒、电视、路由）、软件（MIUI、小米桌面、小米版App）、互联网服务（米聊、小米云、WiFi、多看阅读）

作为手机发烧友的雷军，曾经把微软、谷歌、摩托罗拉这三家的手机和苹果手机做了一个对比，他发现，前三款手机产品在某一方面都完胜苹果手机，但综合起来，前三者就不如苹果，因为苹果把前三者的优势综合利用了起来。所以即便在某一方面不如前三者，但对于用户的综合体验，却要比前三者好得多。这正是苹果手机风靡世界的原因。

而苹果正是一家集软件、硬件、互联网服务于一身的企业。所以，雷军得出一个结论，在移动互联网时代，要想创办一家成功的企业，就必须做到软件、硬件、互联网服务这三种资源的高度匹配。这一点从小米的七个联合创始人中就可以略窥一二。因为这些创始人几乎全部来自软件、硬件、互联网领域

口 / 碑 / 化： 小米为什么能成功

的著名企业，比如微软、摩托罗拉、谷歌等。

雷军是个非常有智慧和远见的人，他不会完全照搬苹果模式，因为如果这样做的，永远都是中国苹果，无法成为世界小米。所以他在模仿苹果模式的过程中，还加入了很多新的东西，比如通过互联网渠道卖手机、和用户交朋友、让用户参与产品研发和设计等极具互联网思维的新做法。

小米手机上市之后不久，就获得了极大的市场反响，外界也开始将雷军与乔布斯做比较，并称其"雷布斯"，因为小米手机是最有"苹果"气质的产品。然而，雷军并不满足于成为"乔布斯第二"，他觉得小米和苹果是不同的。

面对外界对小米模式的困惑，雷军曾这样解释："小米并不是简单地将'软件+硬件+互联网'累加起来。互联网行业的规律是：击败雅虎的不是另外一个雅虎，是谷歌；击败谷歌的是Facebook。做中国的苹果根本没戏，再看长久一些，你一定会发现小米和苹果走了完全不同的道路。小米模式，相当于苹果、谷歌加亚马逊。"

雷军认为，苹果之所以做得如此成功，很大程度上是因为苹果的软件、硬件以及体验都做得很出色，而谷歌和亚马逊的成功是因为互联网。

下面我们再来看看小米在铁人三项方面的具体表现。

1.软件：MIUI系统

上一节内容中，我们已经着重讲解了MIUI系统各方面的内容，其在市场上的表现可谓光彩夺目。并且大家也已经知道，MIUI系统是小米公司进军手机硬件行业的跳板和桥头堡。所以，关于MIUI系统的内容，这里就不再做赘述了。

第九章 多管齐下才能走得更远：小米用铁人三项突出重围

2.硬件：小米手机

严格来说，小米铁人三项中的硬件部分，绝不止小米手机。在这五年的高速成长过程中，小米公司推出了多款极具性价比和好口碑的硬件产品。比如小米手机、小米盒子、小米电视、小米手环，等等。凡是移动互联网时代的热门产品，小米公司几乎都有涉足。这些都奠定了小米公司在移动互联网时代的新贵地位。尤其是小米手机，几乎每一款手机都会引起粉丝尖叫和业界震动。

3.互联网服务

综合来讲，小米公司在软件方面并不赚钱，在硬件方面也只是微利，那么高速发展的小米是如何支撑这个庞大的帝国呢？这就要靠小米铁人三项中的互联网服务这一项。雷军曾多次向公众表示，小米主要靠互联网服务赚钱。而关于赚钱的门道，我们在第七章已经做过讲解，这里不再赘述。

如今，小米的铁人三项已经初具规模，至少在国内已经没有其他企业能出其右，未来只要继续深入优化这种模式，小米的竞争力将会更上一层楼。只要其保持现在的高速发展，几年以后，成为最赚钱的互联网公司之一也并非不可能。

寻找战略合作伙伴，小米要建立庞大帝国

移动互联网时代，是个平台为王、生态圈为王的时代，任何单打独斗的企业都难以立足，不管这个企业的实力多强，如果不结盟，不寻找战略合作伙伴，他都难以抵挡那些小企业结盟后形成的大集团。

因为这些小企业结盟后，形成的移动互联平台、移动互联生态圈，会发挥出一种良好的协调促进作用，在各种资源、信息共享的同时，极大地提升了整个集团的竞争力。

即便强大如阿里巴巴、腾讯这样的超级互联网企业，也不得不在这个时代低下高傲的头颅，去与更多的企业结盟合作。

小米公司成立不到五年，即便已经是互联网企业中的新贵，但其依然无法和阿里巴巴、腾讯、京东这样的巨头抗衡，而手机行业的其他竞争对手，都是已经发展了多年的老企业，有着众多合作伙伴和成熟的商业体系。这种种情况都给小米造成了极大的压力。

小米要想在这种巨头林立、强敌环伺的环境中突出重围，就必须寻找靠谱的企业，与其进行战略合作，共赢共生。

第九章 多管齐下才能走得更远：小米用铁人三项突出重围

UC浏览器是小米的战略合作伙伴之一。在智能手机还没有普及之时，浏览器是手机上网冲浪的唯一端口，雷军很早就意识到了这一问题所在。所以，手机浏览器就成了他进军移动互联网的第一站。UC浏览器早在2004年就已经存在了。起初UC浏览器的发展也是步履维艰，非常不理想。

直到2006年，雷军以投资人的身份加入，UC浏览器才真正进入高速发展的通道。当时雷军对UC浏览器的管理团队说："放弃企业项目，专注个人市场，重点打造UC浏览器；建议开发内部运营平台，将用户使用情况量化，通过数据实现科学决策。"

2007年，苹果智能手机问世，并进入中国，利用手机上网的人越来越多，

口 / 碑 / 化： 小米为什么能成功

UC浏览器一下子身价倍增。早在2012年末，UC浏览器的用户人数已经达到4亿，海外用户超过1亿。这些无疑证明了UC浏览器的强大实力。

如今，UC浏览器是小米最忠诚的战略合作伙伴。细心的小米手机用户，都会注意到新买的手机中会内置UC浏览器，而UC浏览器还专门开发了小米手机的应用版本。可以说，UC浏览器是小米手机的专用浏览器。

无疑，小米和UC浏览器的合作，是一种互利互赢的战略合作。小米可以利用UC浏览器提升自己的用户体验，UC浏览器通过小米，可以被更多的用户使用。如今，小米和UC浏览器之间的合作也愈加深入。UC浏览器TV版内置于小米盒子中，这就是最好的证明。

雷锋网的创始人叫林军，该网站相当于科技博客，专注于移动互联网领域，2011年4月，雷锋网正式上线。自称宗旨是：代表移动互联网未来的发展方向、代表移动互联网的颠覆创新思潮、代表移动互联网的创业者和从业者的利益。

雷锋网虽然成立的时间不长，但实力不容小觑，尤其是在科技博客领域，能与其比肩而立的，只有爱范儿和虎嗅网。雷军是雷锋网的重要股东之一，这就为小米公司找到了一个重要的合作伙伴。

在雷锋网发布的行业资讯中，有关小米公司的内容要比其他企业多得多。不仅仅是小米公司，凡是属于"雷军系"的公司，都有很大的曝光率。

雷军是个非常有智慧的企业家，他在寻找战略合作伙伴方面绝不盲目，往往有着明确的目标。"投资就是投人"，这是雷军最著名的一句话。人不行，

第九章 多管齐下才能走得更远：小米用铁人三项突出重围

再好的项目也成功不了。看人，是雷军寻找战略合作伙伴的第一要素。看项目，是其第二要素。

雷军投资雷锋网之时，就发现这家网站可以发布很多互联网创业资讯，能够为小米提供极好的宣传机会。此外，很多互联网科技公司的高层管理者，每天上班的第一件事就是打开类似雷锋网这类的科技网站，从中寻找有价值的信息。小米公司可以通过这个平台向外界宣传小米文化、小米营销理念等。

这种种原因，让雷军看到了雷锋网的价值所在，因此与其结成战略合作伙伴关系。如此一来，雷锋网就成了小米最有效的广告平台。

如今，为了使小米生态圈更加丰富和立体，小米公司和阿里巴巴一样，在各个领域疯狂地跑马圈地，寻找忠诚的战略合作伙伴。仅仅在2014年，小米公司就先后入股投资了西山居、猎豹移动、九安医疗、积木盒子、优酷土豆等十几家企业，为小米产业链打下了坚实的基础。

口 / 碑 / 化： 小米为什么能成功

小米在2014年年初时和北京银行展开了多方面的合作，包括理财和保险等标准化产品的销售、基于近距离无线通讯技术功能的移动支付结算业务、个贷产品在手机及互联网终端申请、货币基金的销售平台及标准化等。

2014年2月，金山软件对外发布公告表示，它旗下的"西山居"游戏子公司将会得到小米公司高达2000万美元的投资。西山居在官方微博上说，通过这次融资，小米在西山居所占的股份有4.71%。小米的这一举动，不仅仅是为了切入手机游戏市场，更是为了打造一个社交游戏平台。

2014年9月，P2P企业积木盒子的B轮融资金额高达3719万美元，其中的一个重要投资企业就是小米。小米的财务副总裁张金玲表示，积木盒子和小米有些相像，两家企业的"调性一致"，因此积木盒子应该像小米在国产手机中的地位一样。

2014年9月22日，A股公司九安医疗对外表示，已经和小米投资签署了投资协议。九安医疗打算利用股权构架调整和人员业务剥离等方法，把iHealth相关全球业务调整到拟新设的独立实体结构下，这个独立实体的名字暂定为iHealth Inc。小米会和iHealth展开十分全面的合作，包括云服务、用户体验、小米电商各个方面，一起把移动健康云平台做好。

每一个战略合作伙伴的确定，都是巩固小米建立互联网金融生态链的重要环节。雷军很早就说过，阿里巴巴的上市让他明白，要做一个超级大的市场，找超级靠谱的人，以及永远花不完的钱。这正是小米不断寻找战略合作伙伴，建立移动互联网生态链的根本原因。唯有通过这种方式，才能做一个超级大的市场。

雷军也曾在公开场合多次说过，小米在五年内不上市。他这话的意图很明显，就是小米的产业链还不够完善，上市过早的话，会影响到小米的融资估值和商业价值。只有当其完成自己的产业链布局，在每个领域都有自己的合作伙伴，那时候，才是它上市之时。因为经过多方面的布局，小米已经不再是一家简单的公司，而是与阿里巴巴、腾讯一样的互联网生态巨头企业。

第十章

>> 征途漫漫，小米的未来将走向何方

移动互联网时代是个盛产奇迹的时代，但也是个淘汰惨烈的时代。稍有不慎，就会被对手超越，甚至是颠覆。作为互联网行业中的黑马，小米自然明白这个道理，也正是凭着对这一道理的理解和践行，才在短短几年间就完成了一场由屌丝到高富帅的逆袭。但是，小米目前的成功，只是万里长征走完了第一步，未来的路还很长。在强敌环伺、对手如林的竞争环境中，小米该何去何从，该如何应对风险、化解危机呢？让我们来预测一下。

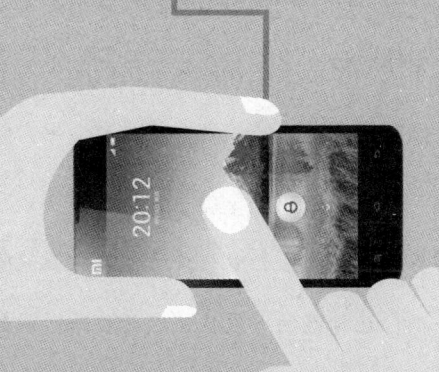

平台为王，小米也要成为阿里巴巴第二

早在2014年末，小米融资11亿美元、估值450亿美元的时候，美国《华尔街日报》就将其列为全球估值最高的科技创业公司。也就是说，即便是美国那些风头正劲的新兴企业，都不是小米的对手，包括当时美国最火的打车应用Uber。这种评价对于小米来说，无异于将其捧上了神坛。

但是，在互联网行业沉浮多年的雷军，目标绝不止于此。作为一个资深的互联网人物，雷军深知单纯的产品公司价值要远远低于平台型公司，并且，单纯的产品公司在竞争力、抗压力、资源整合力等方面，都远非平台型公司的对手。所以，雷军决不做一家主要依靠手机产品为生的单纯产品公司，他要做一家平台公司，像阿里巴巴、腾讯那样的具有大平台属性的集团公司。

2013年诺基亚手机业务和专利许可系数被微软收购，收购价格只有不到80亿美元，这一低价让曾经的手机巨头颜面扫地；联想集团在收购摩托罗拉这家巨头公司时，同样只花了29.1亿美元低价就将其兼并；成立30年的黑莓公司，如今市值为53亿美元左右；已经有近70年历史，由日本著名企业家盛田昭夫创

第十章 征途漫漫，小米的未来将走向何方

建的索尼公司，如今的市值为210亿美元左右。

这些公司经过数十年的发展，即便贵为世界500强企业，但它们的出售价格和市值并不令人羡慕。细心的人可以发现，这些公司都有一个共同点，它们都是单纯的产品公司，所以即便经过多年发展，依然难以有所突破，甚至还开始走下坡路，濒临破产倒闭的边缘。

而小米公司才成立四年多，就估值达到了450亿美元，为什么呢？因为小米有铁人三项，是一家平台型互联网企业。我们再看看当今世界上知名的互联网公司，比如苹果、腾讯、阿里巴巴、谷歌、微软等几个大公司，它们的估值没有低于1000亿美元的，因为它们全都是平台型的公司。

一个平台型公司，它所连接的将是所有移动互联网的服务以及应用，这比自己做产品要好得多。在前面的几年当中，小米首先是将品牌造好了势，然后品牌电商不断进行跃升。小米要打造平台化战略，这是从长远的利益出发，可能这条路不容易走，但只要走出来，今后就会一路畅通。

虽然小米已经在平台方面有所建树，创立了铁人三项模式就是明证。但相比那些世界级的平台型企业，如阿里巴巴、腾讯，小米还只是一家微型平台企业，其实力和阿里巴巴、腾讯根本不在一个档次，更甭提苹果、微软、谷歌这些世界级巨头了。

所以，当小米依靠自己精心打造的铁人三项互联网模式站稳脚跟后，它便开始了主动出击，试图建立更大的平台，以便和国内的平台型企业巨头阿里巴巴、腾讯比肩而立。所以，小米近期的目标就是成为中国的阿里巴巴第二。

让我们来看看小米最近展开的一系列行动。

1.小米互娱：小米帝国在娱乐领域占山为王

2014年初，小米科技就将旗下社交应用米聊交给北京瓦力网络科技有限公司负责，两个团队试图以合作的方式组建"小米互娱"。如今，小米互娱包含了游戏+米聊+影视业务三个方面。我们可以从中看出，有了游戏和影视这两项业务板块，小米互娱的竞争力将会大大增强，这也会促进小米平台的壮大和发展。

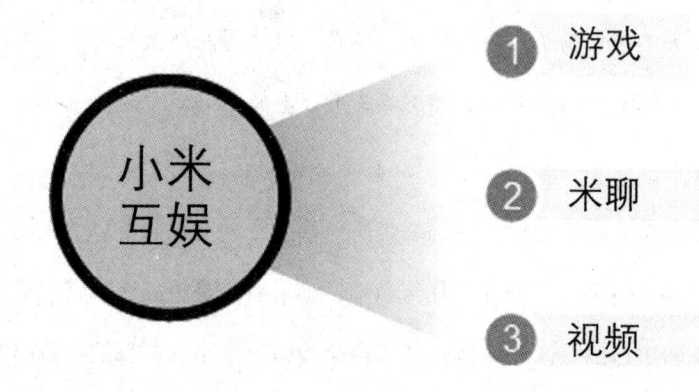

小米互娱
1. 游戏
2. 米聊
3. 视频

2.云服务战略：小米帝国在大数据领域跑马圈地

早在2014年，雷军在一次会议中说道："目前小米云服务用户量接近6800万，总共上传了241亿张图片，2.47亿段视频，总量已经达到了47PB，现在每天新增9000万张图片，新增200万段视频，估计明年每天新增1PB数据。"雷军明确表示数据爆炸的感觉越来越明显，所以他把云服务看做小米公司未来的核心竞争力之一，便开始在云服务领域进行布局。

如今，小米联手金山软件、淡马锡企业对世纪互联投入了总计2.96亿美元

第十章 征途漫漫，小米的未来将走向何方

的投资，为的就是在云服务大战中抢夺先机。未来3~5年，小米还打算在金山云服务方面投资10亿美元，可谓是大手笔。

雷军在云服务方面的布局，绝非一般企业只做单纯性云服务，他要做的是产业链式的云服务，是立体式的云服务。具体而言就是，作为国内领先的第三方互联网基础设施服务商，世纪互联主要负责云服务中的网络基础设施，处于最底层的位置；金山做提供云计算、云存储等服务的中间层；小米则做最顶端的应用层，即小米云服务，这样可以保证小米公司始终掌握最核心的内容。

3.抢占地图市场：小米帝国正在构建更大的生态圈

2014年10月9日，小米公司正式和凯立德公司签订战略合作协议，并入购了凯立德公司8400万元的股份，这一举动意味着小米已经在地图市场占有一定地盘，开始正式进军移动地图领域的市场。

口 / 碑 / 化：小米为什么能成功

凯立德公司拥有地图牌照和测绘资质双项资格，并且在如今大热的车联网领域做出了一定的成绩，小米公司与其合作，可谓是强强联手。毕竟，目前持有导航电子地图甲级测绘资质的公司，早已被BAT瓜分，剩下的企业中唯有凯立德实力最强。

4.小米钱包：小米帝国进军互联网金融领域

2015年，小米手机中内置的"小米钱包"中发现了一个名为"货币基金"的服务，当时还是Beta版（内测版）。不过这证明小米已经开始进军互联网金融领域。小米公司一直采用的是"软件搭台，硬件引流，服务赚钱"的经营模式，而在这一经营模式中，金融是其中最重要的"服务"之一。

目前，小米早已开始在金融领域进行招聘，所有资深工程师都是小米极力争取的对象。已经有信息显示小米开始在阿里巴巴集团挖掘负责支付宝业务的

第十章 征途漫漫，小米的未来将走向何方

高级人才。我们有理由相信，小米钱包很快就正式问世，到时候，小米平台就多了互联网金融这一重要板块。

如今的小米，越来越像阿里巴巴、腾讯这样的巨无霸企业。未来，当其完成平台布局后，其爆发出的巨大威力会让很多对手和巨头震颤，甚至比腾讯、

阿里巴巴这样的企业还更富有生命力,如果到时候你看到小米比腾讯、阿里巴巴还要凶猛,请不要惊讶,因为移动互联网时代,是个盛产奇迹的时代。更何况,小米在移动产业链、平台等方面的布局,足以让它具备颠覆一切的基础。

第十章　征途漫漫，小米的未来将走向何方

小米将会由一个裂变成三个

移动互联网时代是个盛产奇迹的时代，但也是个淘汰惨烈的时代。稍有不慎，就会被对手超越，甚至是颠覆。并且，移动互联网时代，更是个以快打快的时代，任何布局都讲究一个"快"字，只有提早、尽快地完成布局，才能在以后的竞争中先发制人，完胜对手。

作为互联网行业中的黑马，小米自然明白这个道理，也正是凭着对这一道理的理解和践行，才在短短几年间就完成了一场由屌丝到高富帅的逆袭。

小米公司成立五年来，几乎每一年都会完成一次融资，并且每完成一次融资，身价都会出现一个"三级跳"现象。2010年底完成新一轮融资，全年共融资4100万美元，公司估值2.5亿美元；2011年12月，小米再次融资9000万美元，公司估值10亿美元；2012年6月底，小米融资2.16亿美元，公司估值40亿美元；2013年8月，小米新一轮融资估值100亿美元；到了2014年年末，小米融资额再攀新高，达到了空前的11亿美元，公司估值也创纪录地达到了450亿美元。

为什么小米公司的身价总会三级跳？为什么公司估值会在4年多的时间增

口 / 碑 / 化： 小米为什么能成功

长近180倍？这和小米未来的发展方向息息相关，那些拥有超前战略眼光的投资人，仿佛已经看见了小米未来的样子。

如果说，起初我们还看不清小米到底是一家什么样的公司，它想往哪方面发展，那么现在，应该是我们看得很清楚的时候了。因为小米经过多年的布局，加之雷军多次在公众场合的宣传，其未来的发展方向已经很明晰了。用业内人士的话来说就是，未来小米的发展方向，将会从一个小米，变成三个"小米"。

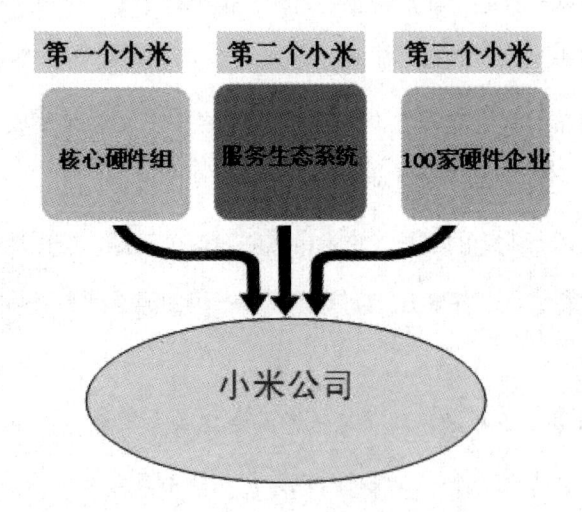

```
┌──────────┐  ┌──────────┐  ┌──────────┐
│ 第一个小米 │  │ 第二个小米 │  │ 第三个小米 │
│ 核心硬件组 │  │服务生态系统│  │100家硬件企业│
└─────┬────┘  └─────┬────┘  └─────┬────┘
      └────────────┬┴─────────────┘
                   ▼
              ╭─────────╮
              │ 小米公司 │
              ╰─────────╯
```

1.第一个小米：核心硬件组

第一个小米是核心硬件组。小米公司试图打造一个核心硬件产品线，主要包括小米手机（含小米平板）、小米电视（含小米盒子）和小米路由器。

小米手机作为连接一切的基础，小米电视作为家庭中最重要的硬件设备，小米路由器作为家庭互联网数据存储和处理中心，它们三个的重要价值不言而

第十章 征途漫漫，小米的未来将走向何方

喻。由这三者组成的第一个小米的战略意图很明显，它是打造智能家庭互联网的急先锋。

小米手机　小米电视　小米路由器

硬件组（第一个小米）

2014年12月4日，小米手环制造商华米科技宣布获得3500万美元的B轮融资，融资后的华米估值超过3亿美元。华米科技这家名不见经传的公司，由于和小米公司合作，一飞冲天。投资方看好华米科技的原因并非是华米多么有实力，而是因为小米将华米作为一个重要的战略支撑，华米生产智能穿戴设备，是小米打在智能家庭互联网的关键步骤。所以，有小米的庇护，华米的未来一片辉煌。

说不定几年之后，你会发现自己的手机、电视，甚至是空调、微波炉、洗衣机等设备都可以互相连接，一个完整的家庭网络中心让你惊讶不已。第一个小米的战略目标就是这个，在智能家庭市场占有一席之地，甚至是霸主地位。如果有一天，你发现小米的任何设备都是智能终端，并且都能与小米手机相连，数据共享，那么，第一个小米已经成功了。

2.第二个小米：服务生态系统

第二个小米是服务生态系统，即小米精心打造的MIUI系统及其所构建的移动互联网内容和服务生态的综合体。关于这一点的内容，我们在前面的章节中已经有过详细讲解，这里不再做赘述。

3.第三个小米：100家硬件企业

早在2014年的中国企业家年会上，雷军就慷慨激昂地表示，小米模式是完全可以复制的，小米计划在未来5年内，以50亿美元投资额投资100家智能硬件公司，积极推动小米的智能硬件生态链计划。

紫米科技是小米投资的一个创业企业，主要业务是做移动电源。这家公司从一开始就是由小米公司全力支持的公司。并且只经过一年多的发展，年营业额就突破了10亿人民币。业绩最高的一个月销售量竟达到了3000万个。这一业绩让所有同行自愧不如。雷军曾经自信地说，凭着小米的支持，紫米科技公司会成为世界第一的移动电源公司，如今，在销量上他已经做到了。

如今，小米公司已经投资了近30家硬件公司，小米的很多明星产品，都来自这些硬件公司，比如小米手环、移动电源、空气净化器、活塞耳机、摄像头、智能血压仪等，分别来自华米、紫米、智米、加一、小蚁以及九安医疗等企业。

2014年12月14日，小米以12.66亿元战略投资美的。这意味着将来小米系统要与美的智能家电进行捆绑，小米将借助美的这家硬件公司，间接拥有大家电产品，为实现真正的智能家居系统的闭环平台奠定了坚实的基础。

如今，小米投资的硬件公司有一部分已经发布了产品，并且几乎每一款产品都引起了行业震动。比如只有79元的小米手环、899元的空气净化器，都深受市场和用户的认可与追捧。

雷军深信自己投资的100家硬件企业都可以获得成功，因为他会将小米基因植入这些企业，让这些企业能够以小米模式来创造产品。比如认认真真做一两款常用产品，在做产品的过程中随时听取用户意见并快速改进，利用社交媒体进行营销。利用互联网渠道进行销售，削掉一切中间成本，给用户最好的品质，最低的价格。

综上所述，未来的小米公司将会更加强大，其自身具备的竞争力足以摧毁任何新生企业。即便是强大犹如阿里巴巴、腾讯这样的互联网巨头，在三个"小米"的威胁下，也必定会有一种危机感。因为稍有不慎，目前中国互联网领域的BAT格局，就会被小米改写。

巨头对决,小米有机遇更有挑战

如今,互联网领域有这样一个说法,互联网领域的第一阵营是一张桌子,即TABLE,T是腾讯(Tencent),A是阿里巴巴(Alibaba),B是百度(Baidu),L是雷军系(金山小米系),E是周鸿祎系(360系)。

也就是说,当年互联网领域,前五个巨头就是这几家,并且每一家的实力都不容小觑。而对于互联网领域的后来者小米来说,其面对的挑战要比其他几家大得多。其前进的每一步,都是在抢夺其他几家的蛋糕,这势必要受到其他几家的群起而攻之。所以,未来小米的每一次攻城拔寨,都危险重重。

以小米公司的小米钱包为例。小米钱包的每一步壮大,都是建立在蚕食微信支付和支付宝这两个巨头的市场份额的基础上的。支付宝是当今中国,甚至是世界第三方支付领域中当之无愧的老大哥,它目前所取得的业绩,远非其他第三方支付企业可以比拟,它的竞争力和战斗力是绝对一流的;而微信支付靠着拥有近5亿活跃用户的微信这一社交软件为平台,在短短两年时间内占据了很大的市场份额,并且串联起移动电商、移动支付等各个环节。

对于这两个竞争对手来说,无论是哪一个,都是很难惹的。但是,小米要

第十章　征途漫漫，小米的未来将走向何方

想打造自己的移动互联网生态系统，就必须发展壮大自己的小米钱包，这势必会引起巨头的攻击，而小米要想战胜这两个巨头，绝非一朝一夕的事情。

再以小米公司和奇虎360公司为例。最近几年，小米公司和360多次短兵相接。比如双方都推出了随身WiFi，双方在随身WiFi的市场份额竞争上，可谓空前激烈。最后小米随身WiFi不惜使用杀手锏：只要用户在12月31日购买小米随身WiFi，价格便直降10元，以9.9元的低价成交。这一招，让360随身WiFi铩羽而归；双方在2012年的手机大战中，小米用小米青春版手机阻击360特供机，再次大获全胜；但是如今执着于移动互联网生态的360并没有死心，靠着自己在安全领域的巨头地位，深受格力集团的青睐，未来360很可能与格力合作，对抗小米。而这也会让小米在智能家居市场的布局充满竞争和挑战。

小米要想建立小米帝国，在中国移动互联网领域超越BAT，成为新的霸主，除了要面对这几个互联网巨头的围攻外，还要承受来自同行的背部攻击，以防后院起火。

众所周知，小米公司目前最强大的利器就是小米手机，小米手机作为小米所有业务的核心，只有让小米手机保持不败之势，才能让小米公司更好地发展。没有了小米手机为依托，小米的移动互联网生态系统就无法建立，只能胎死腹中。虽然小米手机目前的竞争力很强，在各种领域都领先其他对手，但这不代表小米手机没有危险。

目前，小米手机正受到来自华为、中兴、酷派等竞争对手的夹击。虽然小米手机以高性价比这一优势迅速俘获了众多用户的芳心，但作为曾经国产产品行业的第一梯队，华为、中兴、酷派这些巨头同样采取这种措施，对小米进行

穷追猛打，大有赶超之势，用华为内部人士的话来说，"华为荣耀是在穿互联网的鞋，走自己的路。最终以技术产品打磨，步步为营来赶超"。这对于小米来说无疑压力山大。

不仅如此，随着智能手机市场的火爆，很多老牌手机厂商如TCL、海尔、夏新纷纷试水智能手机，并且越来越多的企业也纷纷加入这一战局，它们甚至完全模仿的是小米模式，比如目前比较有名的魅族手机、锤子手机、青橙手机、小辣椒手机、优米手机、蘑菇云手机、卓普手机等，都是小米手机的超级模仿者。尤其是魅族手机和锤子手机在业界掀起的巨大风浪，都给小米公司造成了很大的压力。

纵观当下移动互联网战火纷飞、群雄逐鹿的局面，就可以想象到这是一场何其激烈的战斗，纵然没有硝烟，但惨烈程度依然令人触目惊心。每一个对手都是强大的，每一个竞争力都是敏感的，每一个追赶者都是有实力的，每一段路都潜藏着很多敌人，这是移动互联网领域最真实的写照。

尤其对于飞速成长、野心膨胀的小米来说，其创造的种种奇迹已经令其成为众矢之的。这也注定了在其成为世界小米的路途中，不可避免要陷入一种前有追兵后有堵截的境遇中。面对强敌环伺，种种杀招，小米要想突出重围，绝非易事。

所以，在小米走向中国第一，甚至是世界第一的路上，还有无数的挑战在等着它。它只有步步为营，稳扎稳打，用超前的战略眼光来下好每一步棋，才能最终实现自己一统天下的梦想。

附录：小米公司大事记

2010年

4月6日，小米公司正式成立，并入驻银谷大厦。

8月16日，MIUI首个内测版推出。

12月10日，米聊Android内测版正式发布。

2011年

1月8日，公司因扩张迅速，迁至新址望京卷石天地大厦。

7月12日，小米创始团队正式亮相，宣布进军手机市场，揭秘旗下3款产品：MIUI、米聊、小米手机。

8月1日，小米社区正式对外上线。

8月16日，小米手机发布会暨MIUI周年粉丝庆典在798举行，小米手机1正式发布。

9月5日，小米手机1正式开放网络预订。

9月15日，小米售后体系上线。

口 / 碑 / 化： 小米为什么能成功

10月20日，小米网：www.xiaomi.com正式上线，用户可以正式下单购买小米手机1。

12月18日，凌晨0点，小米手机1第一次正式网络售卖。

2012年

1月4日，2012年首次开放购买小米手机1。

4月6日，举办第一届米粉节活动。

5月15日，小米手机1青春版发布。

6月7日，小米手机销量突破300万；小米公司通过官网实现7×24小时开放购买，并完善售后服务渠道。

6月13日，小米认证用户突破100万。

6月26日，小米公司董事长兼CEO雷军宣布，小米公司已完成新一轮2.16亿美元融资，此轮融资小米公司估值达到40亿美元，投资方均为国际顶级投资公司。

11月12日，小米社区累计注册人数超过500万；小米论坛附件推送到手机功能上线。

11月14日，小米盒子发布；小米盒子工程机开始预约。

11月17日，小米手机2、小米手机1S 40万台开始预约。

11月30日，F码领取通道正式上线。

12月8日，小米手机北京三里屯授权维修中心形象店正式开业。

12月11日，小米认证功能新版上线。

12月21日，新浪微博开卖小米手机2微博社会化网购首单，新浪微博小米手机2专场销售，5万台小米手机2已在5分14秒内售罄。

2013年

1月9日，MIUI米柚全球用户突破1000万。

1月26日，小米手机2电信版首发暨40万台小米手机开放购买。

5月6日，100万元征集一张壁纸活动正式启动。

5月8日，微信用户专场小米手机2S开放购买。

6月3日，小米社区新首页改版上线。

6月8日，小米公司参与电商大战，小米手机所有型号敞开销售，配件大规模优惠，疯狂促销15天。

6月20日，小米活塞耳机发布。

6月24日，小米新版活塞耳机开放预约。

7月22日，小米天猫旗舰店正式上线运营。

7月24日，小米团队荣获壹基金2013（深圳）健行活动第一名。

8月13日，小米网2013年度改版上线。

8月29日，谷歌全球副总裁、Android产品副总裁Hugo Barra确认将加盟小米。

9月26日，小米公司荣获《财富》杂志2013年"最受赞赏的中国公司"。

10月1日，习近平等党和国家领导人参观小米公司创新科技产品。

10月8日，雷军获得《华尔街日报》中文版2013中国创新人物奖科技类奖。

11月13日，小米售后服务升级，全国百家授权中心推出1小时快修服务；珠海小米之家旗舰店开业。

11月20日，小米路由器发布。

12月31日，小米3联通版、小米随身WiFi首发。

口 / 碑 / 化： 小米为什么能成功

2014年

1月2日，小米公布2013年业绩，全年销售手机1870万台。

2月8日，小米手机2013年12月销量击败三星和iPhone。

2月11日，全球最具创新力公司50强榜单：小米排第三。

2月21日，小米海外拓展第一步：红米手机在新加坡开始销售。

3月21日，小米全新产品红米Note正式发布，售价仅为799元。

4月14日，红米Note QQ空间专场开放购买。

4月25日，小米路由器首轮开放购买。

5月8日，一季度小米国内份额居第三超越苹果。

6月16日，联合台湾发布小米新品。

7月29日，全球顶配性能之王小米手机4首发，仅用37秒即售罄。

7月30日，超越苹果！小米手机国内销量暴涨，市场份额达到21.4%。

8月6日，雷军作序，黎万强著的《小米口碑营销内部手册：参与感》一书正式上市。

8月12日，红米Note移动4G增强版首发。

8月16日，MIUI6在北京798艺术中心发布，也是MIUI四周岁生日。

9月9日，中午12点小米手机4移动4G版首发。

9月23日，快的打车正式与小米达成合作，接入其旗下智能按键"米键"，可通过米键在手机上实现一键叫车。

9月25日，iHealth智能云血压计小米网首发，售价199元。

10月23日，小米入股LBE安全大师。

10月29日，小米小蚁智能摄像机，首发开放购买，售价：149元。

11月11日，小米天猫双十一共销售15.6亿元116万台手机，销售额占双十一约3%，蝉联第一。

11月12日，小米宣布千万美元投资优酷土豆。

11月19日，小米公司和顺为资本联合宣布，小米和顺为资本以18亿元人民币（3亿美元）入股爱奇艺。

12月4日，小米官方直营店登入淘宝。

12月14日，晚间，小米公司与美的集团同时发布公告，宣布小米科技斥资12.66亿元入股美的集团。

12月16日，小米空气净化器首发。

12月29日，小米公司董事长雷军在微博公布小米上周获得新一轮融资11亿美元，小米公司现估值450亿美元，并说在明年一月有新旗舰发布。

2015年

1月15日，小米在北京国家会议中心举办重量级旗舰产品发布会，发布了小米Note，标配版（16G）2299元，（64G）2799元，顶配版3299元。

1月19日，小米总裁林斌在极客公园主办的GIF2015创新大会上发布了小米生态链的最新产品"智能家庭套装"，包括多功能网关、人体传感器、门窗传感器、无线开关等。

1月20日，小米蓝牙手柄首发售价为99元。

2月13日，小米首次在美国旧金山举行媒体沟通会，小米总裁林斌和副总裁雨果·巴拉（Hugo Barra）参加了此次沟通会。正式宣布即将启动小米网美国站。

3月3日，小米之家开通手机意外保服务。

口 / 碑 / 化： 小米为什么能成功

3月16日，李宁公司宣布与小米生态链企业、小米手环缔造者华米科技达成战略协议，共同打造新一代智能跑鞋，并探索大数据健康领域。

3月27日，小米推出全新第三代活塞耳机，仅售99元。

4月2日，小米生态链企业、小米手环缔造者华米科技宣布与支付宝达成战略合作，共同打造基于可穿戴设备的新一代移动支付方案，为用户提供更安全、更便捷的移动支付免密体验。这是将可穿戴设备作为"身份ID"与互联网服务结合的里程碑应用。

4月8日，米粉节，小米核心产品手机卖出212万台，小米电视卖出3.86万台，小米路由器卖出7.9万台。世界吉尼斯纪录的工作人员沃顿先生宣布小米打破了世界单一网上平台24小时销售手机最多的世界吉尼斯纪录。